원더코드 엠봇 워크북 - 초급

슈퍼 STEAM 엠봇
엠봇으로 배우는 STEAM 교육

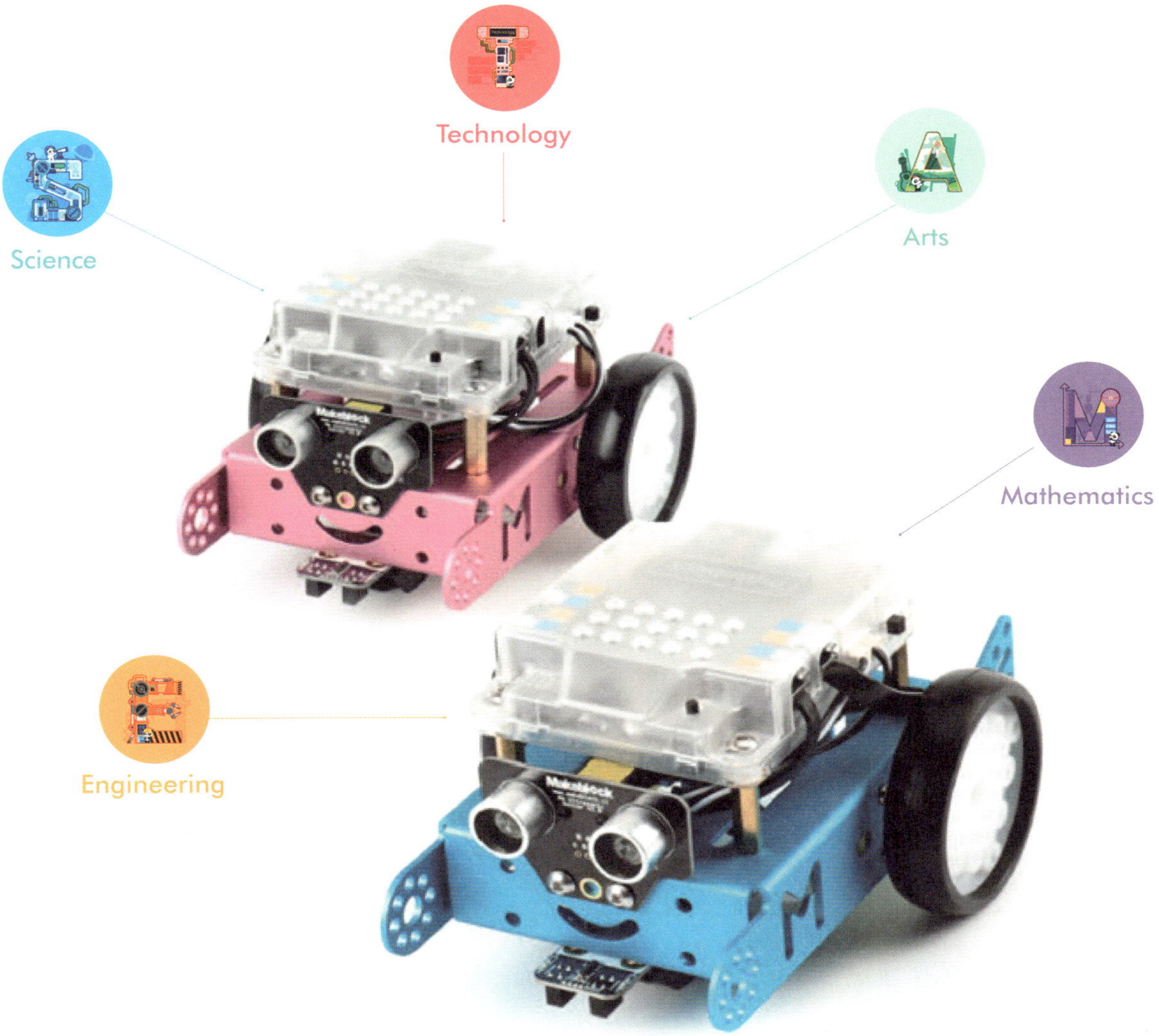

- Technology
- Science
- Arts
- Mathematics
- Engineering

일러두기 / 나의 다짐

일러두기

　엠봇 워크북을 펼친 여러분을 환영합니다. 엠봇은 이미 전세계 가장 많은 사람들이 쓰는 로봇입니다. 140여개국의 2만 5천개 이상 학교에서 사용하고 있고 점점 더 증가하고 있습니다 프랑스에서는 엠봇이 들어간 교과서로 학생들이 교육을 받습니다. 엠봇으로 아주 쉽게로봇공학 코딩 인공지능을 배울 수 있습니다.

　이 워크북은 엠봇을 처음 만나는 학생을 위해 쓰여졌습니다. 먼저 엠봇과 함께 공부할 때 필요한 내용을 여러 간단한 활동으로 배웁니다. 그리고 나서 엠봇과 함께 창의융합 활동을 합니다. 마지막으로 엠봇과 함께 다양한 놀이를 하면서 로봇을 활용해서 문제해결 하는 능력을 키웁니다.

　이 곳에서 제시하는 내용은 입문 수준에서 로봇 활용 교육을 제공합니다. 각 활동을 하면서 나만의 탐구 문제를 발견해서 더 깊은 로봇 활용 탐구생활이 되길 소망합니다.

나의 다짐

 이 워크북을 시작하는 나의 마음을 적어봅시다.

```
┌─────────────────────────────────────┐
│                                     │
│                                     │
│                                     │
│                                     │
│                                     │
└─────────────────────────────────────┘
```

워크북 시작한 날 - 20   년   월   일

이름 ⎛⎽⎽⎽⎽⎽⎽⎽⎽⎽⎽⎽⎽⎽⎽⎽⎽⎽⎽⎽⎽⎽⎽⎽⎽⎽⎽⎽⎽⎞

목 차

1장. 반가워, 엠봇! — 7

1. 엠봇 조립하기
2. 엠봇 버튼의 비밀
3. 앱으로 코딩해요.
4. 웹으로 코딩해요.

2장. 똑똑해, 엠봇! — 47

1. LED 프로젝트
2. 주파수 소리 내기 프로젝트
3. 조종하기 프로젝트
4. 센서 활용 프로젝트
5. 교과연계 프로젝트

3장. 즐거워, 엠봇! — 83

1. 엠봇 전통놀이
2. 엠봇 스포츠 놀이
3. 엠봇 메이킹 놀이

1장. 반가워, 엠봇!

엠봇 조립하기

엠봇 조립하기.

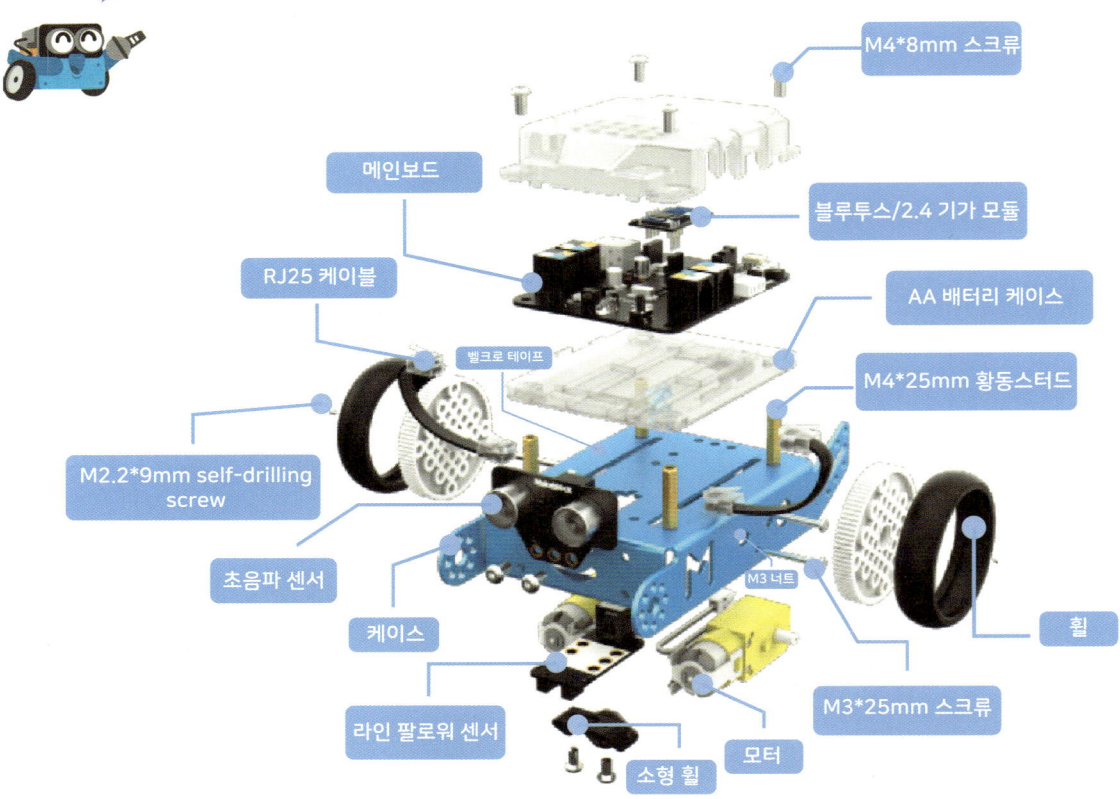

부품 명칭: 메인보드, 블루투스/2.4 기가 모듈, RJ25 케이블, AA 배터리 케이스, 벨크로 테이프, M4*25mm 황동스터드, M4*8mm 스크류, M2.2*9mm self-drilling screw, 초음파 센서, 케이스, 라인 팔로워 센서, 소형 휠, 모터, M3 너트, M3*25mm 스크류, 휠

엠봇 상자에 든 부속을 조심스럽게 펼친 후 설명서 순서에 따라 조립해요.

말해줘요!

- 조립할 때 어려웠던 부분이 있나요?

- 다른 친구들에게 조립하는 법을 알려준다면 어떤 말을 해주고 싶나요? 어디를 조립할 때 더 신경을 써야 할까요?

● (예시) 라인팔로워와 소형 휠에 나사를 먼저 꼽고 조립하세요.

1. 반가워, 엠봇!

엠봇 관찰하기/전원켜기.

조립한 엠봇을 관찰합시다. 엠봇에 적힌 영어를 사전을 찾아 한글로 적어봅시다.

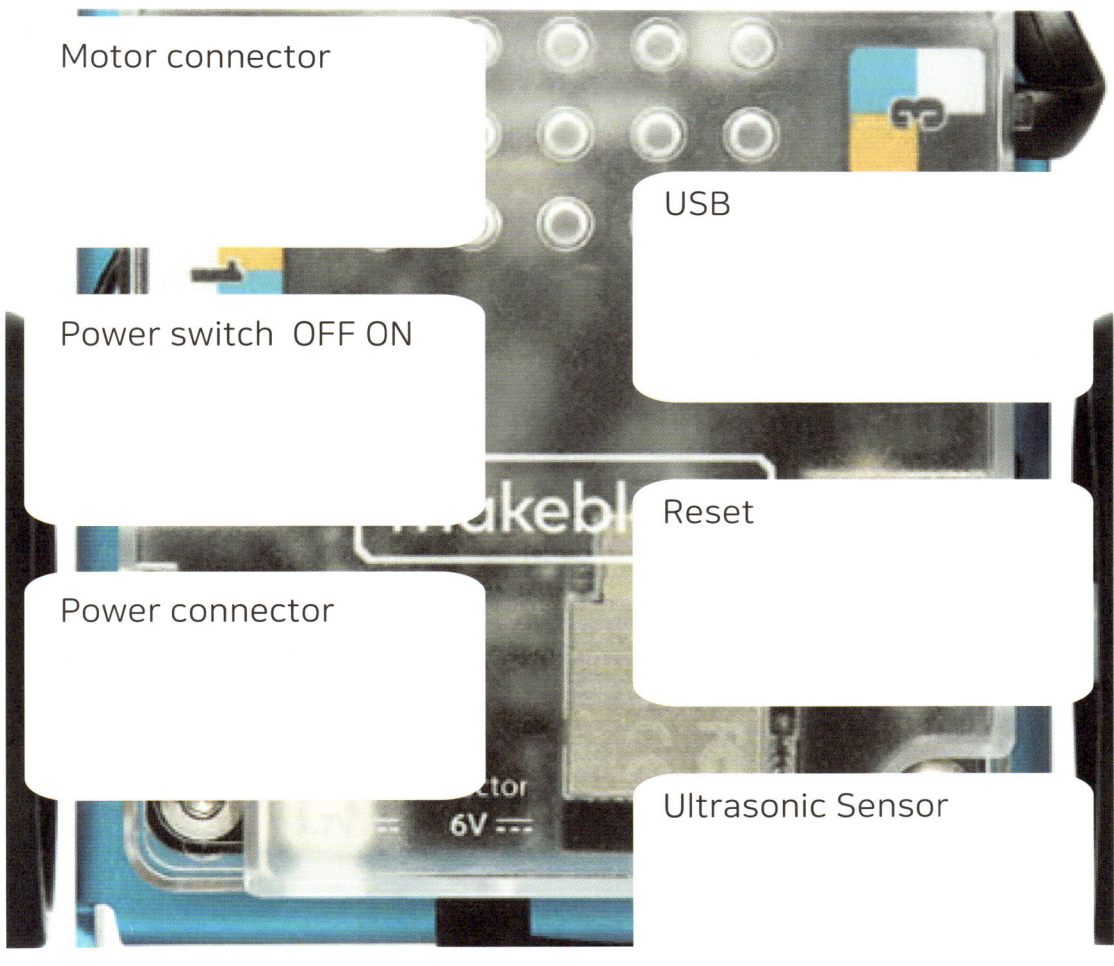

- 엠봇에 건전지를 넣고 전원을 켜보세요.

- 파란 불빛은 모두 몇 개인가요?

- 빨간 불빛은 모두 몇 개인가요?

- 계속 켜져 있는 불빛은 모두 몇 개인가요?

엠봇 버튼의 비밀

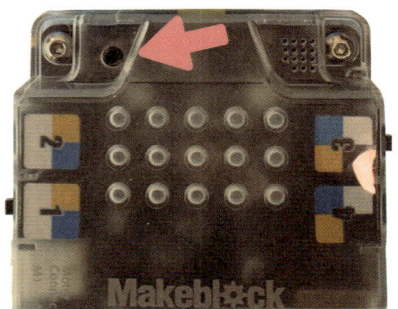

엠봇 전원을 켜고 책상이 아닌 바닥에 놓습니다.
- 그림에 있는 검정 버튼을 한 번 눌러보세요.
- 엠봇을 관찰해보세요.
어떻게 움직이나요?

- 엠봇 앞에 있는 눈처럼 생긴 부분을 손으로 가려서 엠봇을 내가 원하는 방향으로 가도록 해봅시다.
엠봇이 장애물을 만나면 어떻게 움직이나요?

- 이번에는 책상이나 탁자에 엠봇을 놓고 떨어지지 않도록 손이나 책으로 계속 막아봅시다.
- 엠봇이 바닥에 떨어져서 손상될 수 있으니 엠봇을 막는 연습을 많이 한 후에 합니다.
내가 사용한 방법을 적어봅시다.

엠봇 전원을 켜고 버튼 한 번을 누를 때 어떤 비밀이 있나요? 무슨 색이 켜지나요?

1. 반가워, 엠봇!

버튼 두 번의 비밀

- 엠봇 전원을 켜고 책상이 아닌 바닥에 놓습니다.
- 이번에는 검정 버튼을 두 번 눌러봅니다.
- 엠봇을 관찰해보세요.

엠봇이 어떻게 움직이나요?

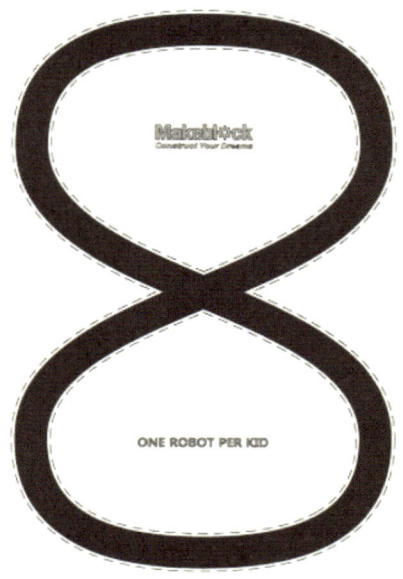

- 이제 엠봇 박스에 있는 8자 모양의 종이 위에 엠봇을 올려보세요.

엠봇이 어떻게 움직이나요?

엠봇 전원을 켜고 **버튼 두 번**을 누를 때 어떤 비밀이 있나요? 무슨 색이 커지나요?

- 빈 종이에 선을 그려서 엠봇이 따라갈 수 있도록 해봅시다.
- 선을 그리지 않고 엠봇이 따라갈 수도 있을까요?

예시

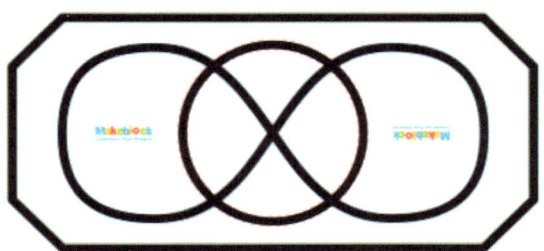

앱으로 코딩해요.

엠봇 그리기/꾸미기.

엠봇을 내가 원하는 방식으로 그려봅시다.
- 보고 그려도 좋고 만화식으로 그려도 좋습니다.
- 위에서 본 엠봇을 그려도 좋고, 앞에서 본 엠봇을 그려도 좋습니다.

그리기

그리기가 익숙하지 않다면 내가 원하는 엠봇을 색칠해봅시다.

색칠하기

1. 반가워, 엠봇!

엠봇 앱을 설치해요.

스마트폰에 엠봇 앱을 설치합시다.
- 스토어에서 '엠봇'으로 검색하면 나오는
'Makeblock'이란 앱과 'mBlock' 이란 이름의 앱을 설치합니다.

- 먼저 Makeblock을 실행합니다.
- 왼쪽 3개의 막대기 모양을 터치합니다.
- 장치에서 mBot(엠봇)으로 터치하세요.

 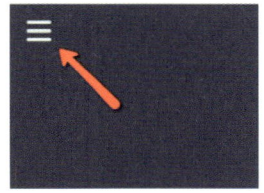  

- 각각의 이름을 앱에서 보고 적어봅시다.

- 오른쪽 위 블루투스 클릭한 후 블루투스 권한에 동의하고, 엠봇을 연결해봅시다.

엠봇이 연결되면, 엠봇이 어떻게 움직이나요?

앱으로 코딩해요.

엠봇을 조종해요.

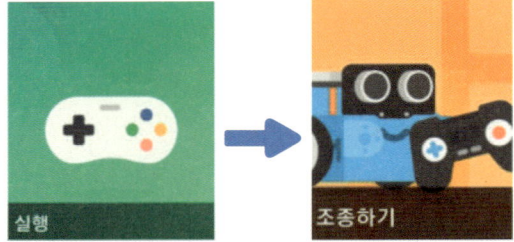

Makeblock 앱을 실행해서 엠봇과 연결해요.
- 실행을 클릭한 후, 조종하기를 클릭합니다.
- 다음과 같은 화면이 보이나요?

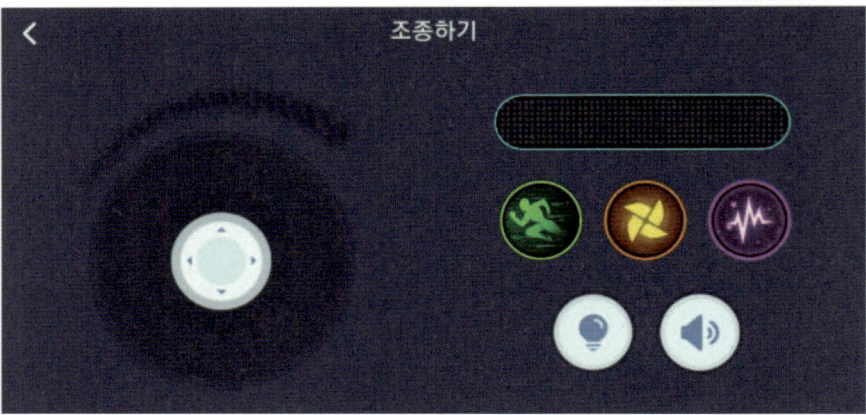

- 각 버튼을 눌러가며 엠봇이 어떻게 움직이는지 적어봅시다.

- 엠봇 비밀 버튼 찾을 때 사용한 라인이 그려진 큰 흰색 종이 위에 엠봇을 놓고 조종연습을 해봅시다.
- 정해진 시간 안에 선 밖으로 나가지 않고 한 바퀴를 다 돌 수 있으면 성공입니다.

1. 반가워, 엠봇!

선으로 움직여요.

엠봇을 선으로 움직여봅시다.
- '선 그려서 동작'에 들어 갑니다.
- 아래와 같이 간단히 선을 그리고 옆 재생 버튼을 터치해보세요.

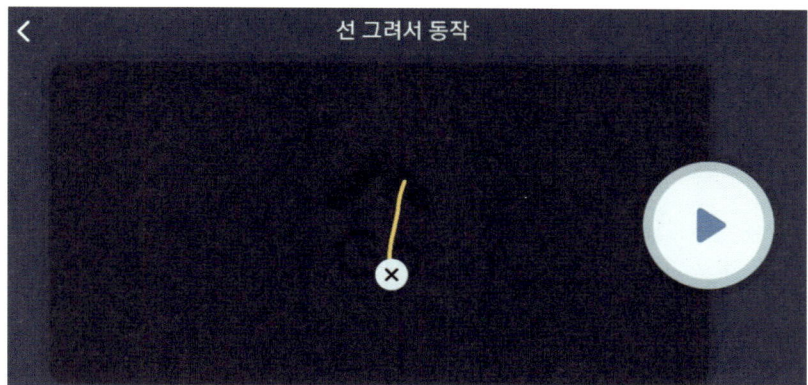

- 이제 내가 있는 곳으로 돌아오게 하려면 어떻게 선을 그으면 될 지 찾고 아래에 적고 실행해봅시다.

- 선으로 움직여서 세모나 네모를 만들 수 있을까요? 그렇게 할 수 있는/없는 이유는 무엇일까요?

- 선으로 움직여서 곡선으로 움직이게 할 수 있을까요?

- 내가 원하는 움직임과 그렇게 움직이게 한 선을 그려봅시다.

내가 움직이게 하고 싶은 것

내가 원하는 움직임이 되도록 하는 선

앱으로 코딩해요.

음악을 연주해요.

엠봇으로 음악을 연주해요.
- **연주하기**로 들어가면 아래와 같은 건반과 버튼이 나옵니다.

- 각 숫자는 어떤 음을 나타내나요?

1	4
2	5
3	6
	7

- 각 버튼은 무슨 노래를 표현하나요?

- 내가 연주하고 싶은 곡과 그 곡의 계이름을 번호로 적고 연주해 봅시다.

내가 연주하고 싶은 곡 제목   내가 연주하고 싶은 곡의 계이름 번호

1. 반가워, 엠봇!

> 음성으로 조종해요.

엠봇을 음성, 목소리로 조종해봅시다.
- 음성 단추를 누르면서 로봇에게 명령을 내려봅시다.
- 앱 권한을 물어보면 '허용'하면 됩니다.

- 아직까지 영어 명령만 지원됩니다.

- 각 명령을 내리고 어떻게 움직이는지 적어봅시다.

- Go Foward (고우 포워드)

- Go Back (고우 백)

- Turn Left (트헌 레프트)

- Turn Right (트헌 라이트)

- Dance (뜨앤스)

- Stop (스따압)

 앱으로 코딩해요.

- 각 영어 단어의 뜻이 무엇일까요? 영어사전으로 검색해서 적어봅시다.

Go Foward   Go Back   Turn Left

Turn Right   Dance   Stop

1. 반가워, 엠봇!

나만의 앱을 만들어요.

엠봇 'Makeblock' 앱에서 나만의 앱 메뉴를 만들어 봅시다.
- 메뉴를 오른쪽으로 넘기면 '**만들기**'가 있습니다.
- 만들기에 들어가서 '**+**'를 터치합니다.
- 왼쪽에 '**동작**', '**디스플레이**', '**감지**', '**사용자 정의**' 메뉴가 있습니다.
- 각 메뉴에서 원하는 버튼을 오른쪽에 두고 위 '**실행**'을 터치해서 엠봇을 작동시켜 봅시다.

- 먼저 조이스틱을 만들어 볼까요?

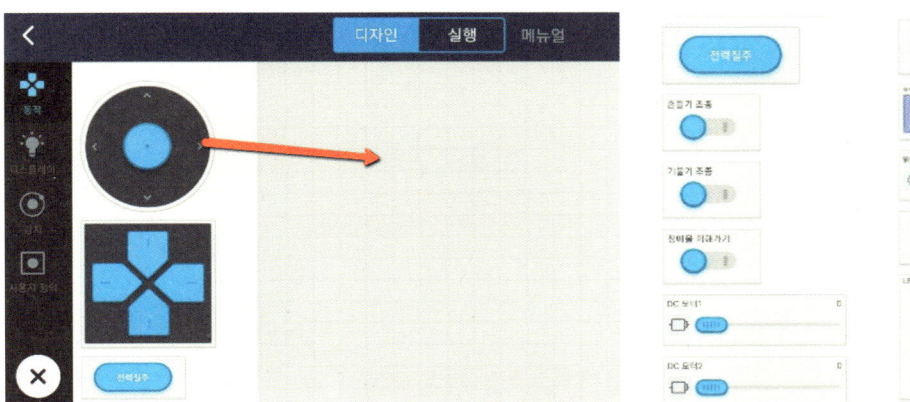

- 디스플레이에 있는 메뉴도 오른쪽으로 가져와서 실행해 봅시다.
- 감지에 있는 초음파, 밝기 메뉴를 오른쪽에 가져와서 실행해 봅시다.
- 엠봇의 초음파 값을 이용해서 우리 가족의 키를 잴 수 있을까요?

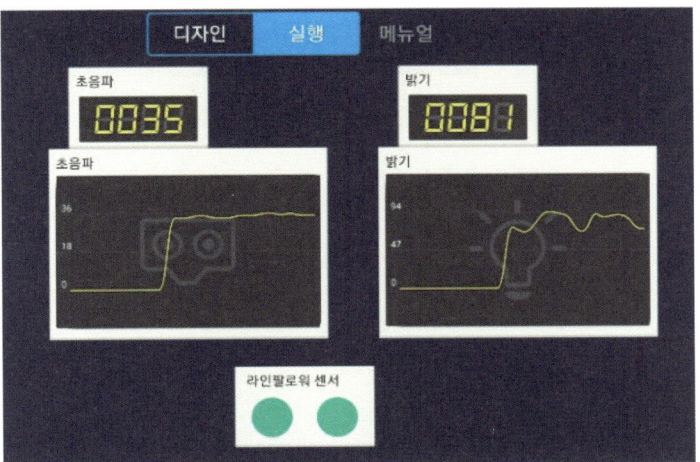

우리 가족의 키

나 :   cm

    :   cm

    :   cm

    :   cm

앱으로 코딩해요.

나만의 앱을 만들어요.

- 나만의 앱을 더 민감하게 만들 수 있을까요?
- 사용자 정의 메뉴를 활용하면 됩니다.

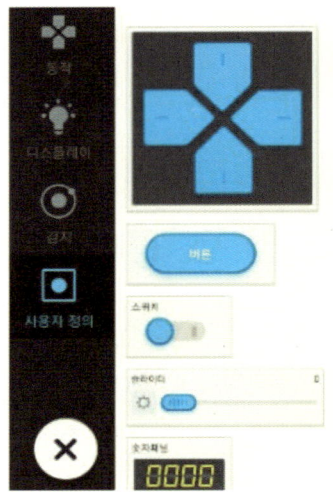

각 버튼에는 코드를 변경할 수 있도록 되어 있어요.

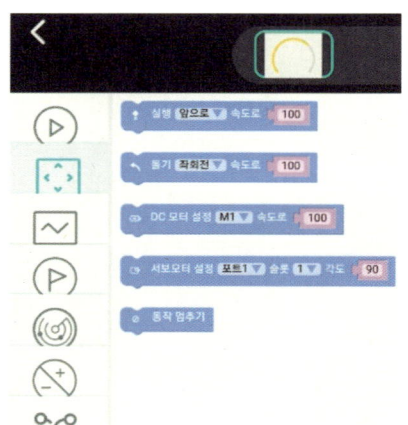

20 슈퍼 STEAM 엠봇

1. 반가워, 엠봇!

- 각 메뉴에 기본적으로 있는 코드를 살펴보고 나만의 조정을 다시 해서 활용해보세요!
- 아니면 '사용자 정의' 메뉴에서 버튼을 새로 만들 수 있습니다.

- 내가 조정하고 싶거나 만들고 싶은 버튼을 아래에 적고 실제 만들어 조종해 봅시다!

웹으로 코딩해요.

엠블록 사이트 들어가기.

엠봇을 이제 컴퓨터로 프로그램 해봅시다.
- 엠봇은 메이크블록에서 제공하는 엠블록 사이트 (mblock.cc)에서 코딩할 수 있습니다.
- 프로그램을 받아서 할 수 있지만, 이 워크북에서는 크롬브라우져 웹 내에서 바로 코딩하는 것으로 설명하겠습니다.

- 컴퓨터에서 크롬 브라우져 (Chrome Browser)를 실행하세요.
- 크롬 브라우져를 잘 모르면 선생님께 물어봅니다.
- 주소창에 **mblock.cc**를 입력하거나, **엠블록**을 검색해서 엠블록 페이지로 오세요.

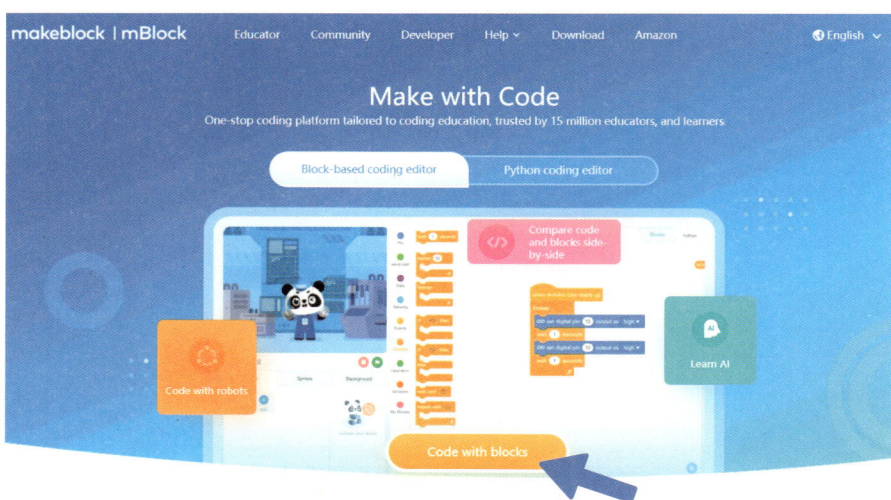

- 영어가 있다고 해서 걱정하지 마세요. 노란 버튼 클릭하고 들어오세요.

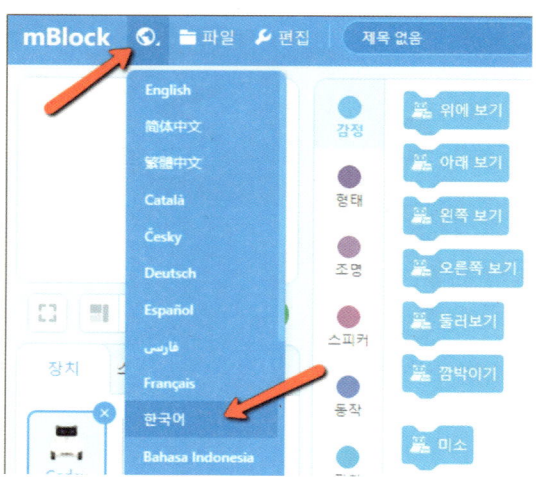

- 환영 메시지 이후에 사이트에 들어갑니다.
- 지구본을 클릭해서 **한국어**로 바꿔줍니다.

1. 반가워, 엠봇!

엠블록 무대 설명

자, 이제 엠블록에 들어왔습니다. 가운데 귀여운 동물이 있어요. 무슨 동물인가요?

- 판다가 작다면 조금 키워서 볼까요? 판다 아래의 가운데 버튼을 클릭해봅시다.

- 왼쪽 네모를 클릭해볼까요? 화면이 어떻게 바뀌었나요?

웹으로 코딩해요.

- 다시 원래대로 돌아가려면 어떻게 하면 될까요?

스프라이트 설명

- 이제 장치, 스프라이트, 배경 탭으로 넘어갑시다.
- 엠블록은 장치 탭과 스프라이트 탭이 따로 있습니다.
- 나중에 엠봇을 연결할 때 장치탭을 이용합니다.
- 스프라이트는 판다처럼 무대에 나오는 캐릭터를 말합니다.
- 맨 오른쪽에 있는 배경 탭에서는 무대 배경을 바꿀 수 있습니다.

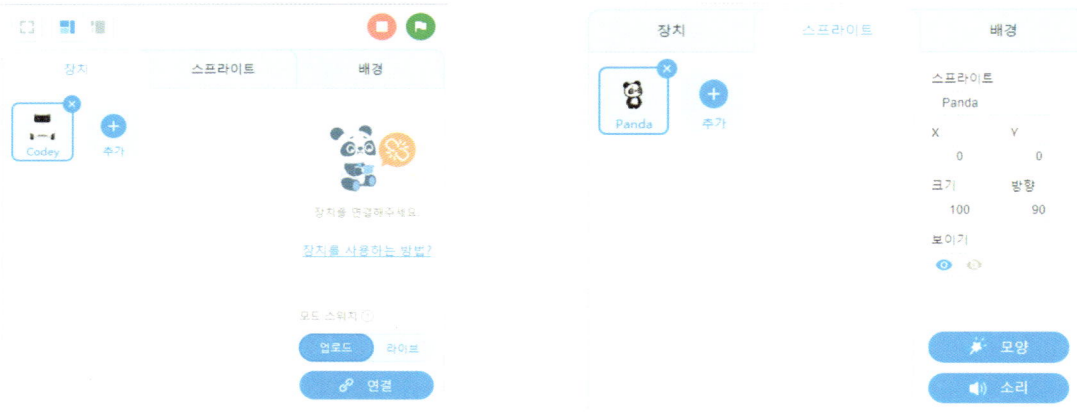

- 스프라이트 탭에서 '**추가**'를 클릭한 후, 어떤 캐릭터가 있는지 살펴보세요.

1. 반가워, 엠봇!

판다를 움직이게 하자.

판다를 움직이게 코딩해봅시다.

- 스프라이트 탭> 동작> 10만큼 움직이기 블럭을 선택한 다음 오른쪽으로 끌어서 놓습니다.

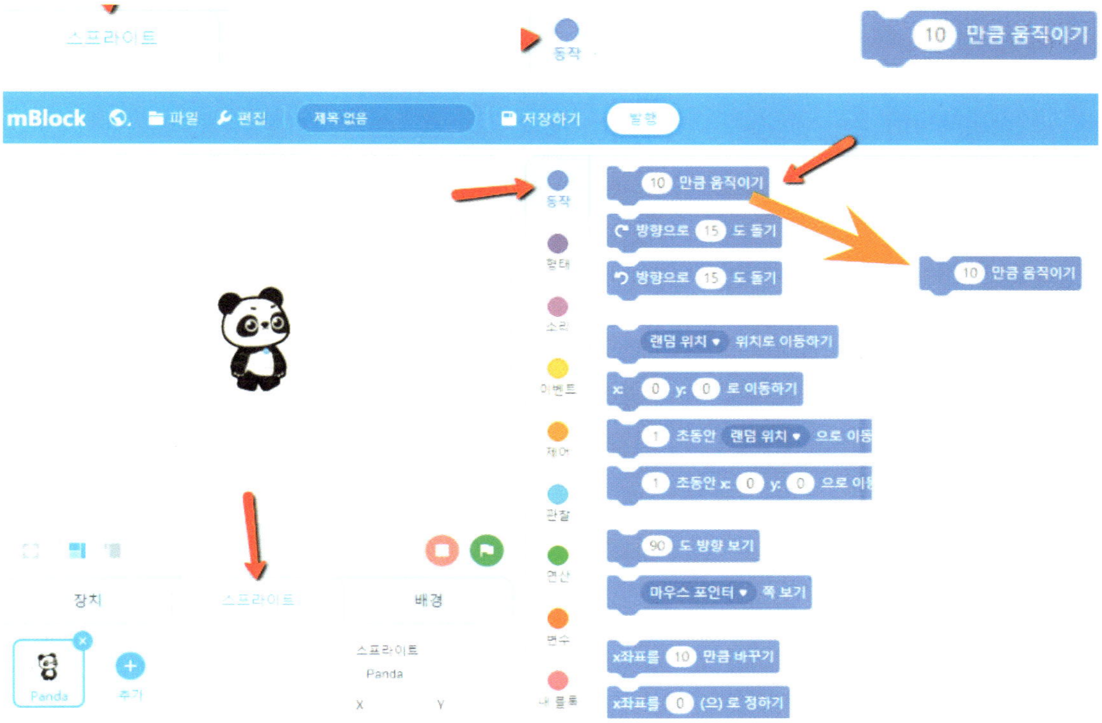

- 오른쪽에 있는 블록을 클릭해보세요.
- 판다가 어떻게 움직이나요?

- 오른쪽으로 끌어놓지 않고, 블럭을 바로 클릭 해보세요.
- 하나씩 클릭하며 판다가 어떻게 움직이는지 봅시다.
- 흰색 동그라미 안 숫자를 바꿔봅시다.

- 가장 재미있게 움직이도록 해주는 블록은 무엇인가요? 왜 그런지 간단히 적어봅시다.

웹으로 코딩해요.

판다를 계속 움직이게 하자.

- 판다를 움직일 때마다 마우스를 클릭하는 것이 불편하죠?
이제 판다를 자동으로 움직이게 해봅시다.

1

 이벤트 에서 [클릭 했을 때] 를 오른쪽으로 가져옵니다.

2

제어 에서 [계속 반복하기] 를 오른쪽으로 가져옵니다.

3

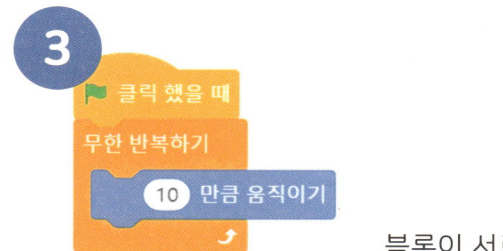

블록이 서로 붙도록 왼쪽과 같이 배치합니다.

4

배경 탭 위에 있는 녹색 화살표를 클릭합니다.

- 판다가 어떻게 움직이나요?

26 슈퍼 STEAM 엠봇

1. 반가워, 엠봇!

 에서 '벽에 닿으면 튕기기' 블록과 '회전 방식을 전하기' 블록을 '무한 반복하기' 블록 안에 넣어서 코딩해봅시다.

동작

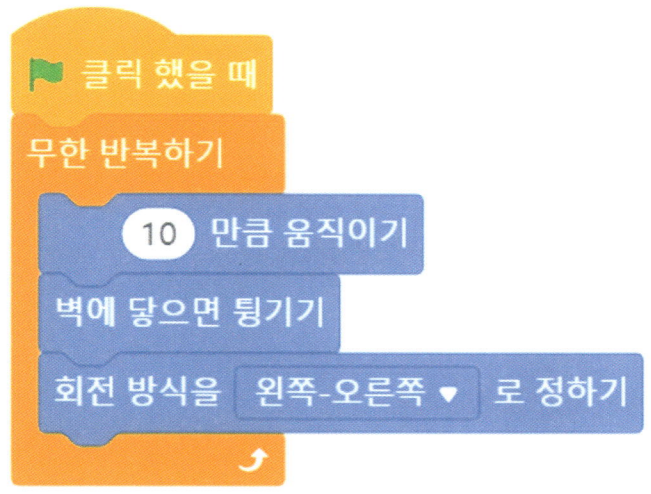

판다가 어떻게 움직이나요?

 에서  블록을 무한 반복 블록에 넣어서 관찰해봅시다.

형태

판다가 느리게 가려면 어디를 고치면 좋을까요?

웹으로 코딩해요.

판다 울음 소리를 찾아주자.

판다가 소리 내게 코딩해 봅시다.

 동작 에서  를 클릭해서 판다를 무대 가운데에 오게 합니다.

- 흰색 동그라미 안에 다른 숫자를 넣으면 어떻게 되는지 관찰해봅니다.

- 스프라이트 창 아래 소리를 클릭합니다.
- 클릭하고 **재생** 버튼을 눌러보세요.

- 다양한 설정을 눌러보며 소리를 들어보세요. 판다 소리와 같은가요?

　　　　더 빠르게　느린　더 크게　은은한　음소거　페이드 아웃　페이드 인　거꾸로　로봇

1. 반가워, 엠봇!

판다 울음 소리를 찾아주자.

판다 울음소리를 찾아서 내게 해봅시다.
- 인터넷 창에 **bit.ly/pandasd** 로 들어가서 소리 파일을 받습니다.
하나씩 들어보고 원하는 소리를 받도록 합니다.
- 'x'를 눌러 원래 소리를 삭제합니다.

- '**소리 추가**' 버튼을 누르고 '**업로드**' 버튼으로 원하는 소리를 넣습니다.

  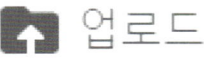

- 깃발을 클릭했을 때 판다가 소리를 내면서 자유롭게 움직일 수 있도록 코딩해봅시다.
- 나중에 엠봇이 움직일 때마다 컴퓨터에서 판다 소리가 나면 재미있겠죠?

웹으로 코딩해요.

엠봇 컴퓨터와 연결하기.

엠블록을 살펴보았나요? 이제 엠봇을 연결해서 코딩해 봅시다.
- 엠봇은 컴퓨터에 USB로 연결되고, 스마트 디바이스에는 블루투스로 연결 됩니다.

앞에서 블루투스로 연결되는 것을 실습했죠?

- 이제 컴퓨터 연결 후 엠블록 웹으로 연결하겠습니다.
1. 장치 탭에서 Codey 로봇을 X를 눌러 삭제합니다.

2. 장치 라이브러리에서 엠봇을 선택한 후에 확인합니다.
(주로 사용되는 장치로 설정하면 좋습니다.)

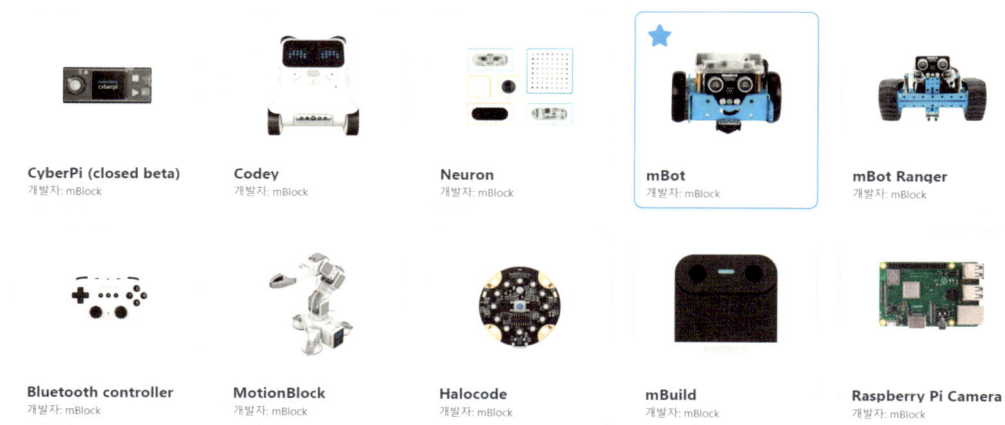

1. 반가워, 엠봇!

3. 연결을 누르면 장치 드라이버를 설치하라는 창이 뜹니다.

4. 다운로드를 클릭하면 장치 드라이버를 다운로드 할 수 있는 창이 뜹니다.

5. mLink를 찾아서 다운로드한 후 설치 합니다.

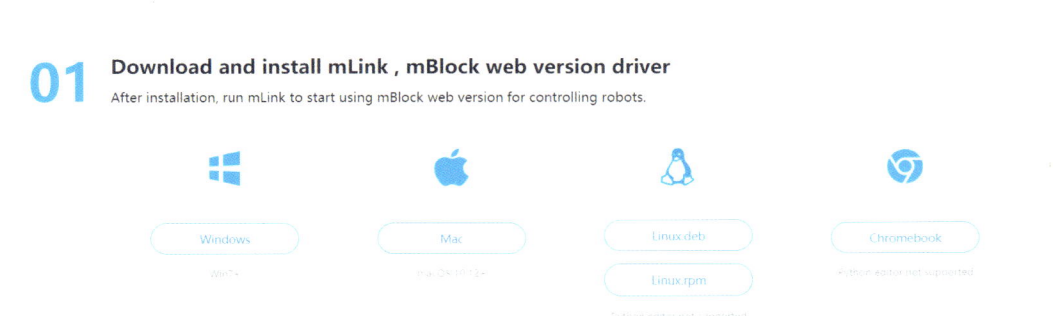

6. 기본으로 제시된 English 영어버젼으로 설치하고 계속 다음 다음을 눌러 진행합니다.

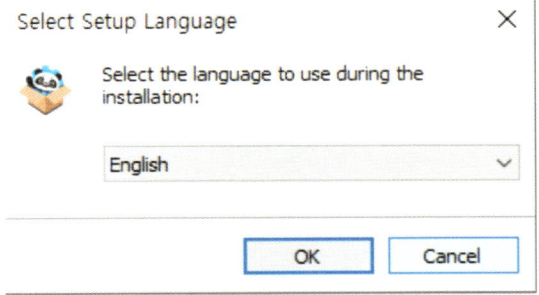

 웹으로 코딩해요.

엠봇 펌웨어 업데이트 하기.

연결을 눌러 엠봇을 연결합니다.
- 연결이 안 되면 COM을 눌러 다른 번호로 바꿔서 시도하세요.

그래도 안 되면 컴퓨터를 껐다가 다시 켜봐요!

- 경우에 따라 노란 업데이트 창이 뜰 수 있습니다.
- 업데이트를 눌러 펌웨어 업데이트를 합니다.
(이때 컴퓨터를 끄거나 엠봇이 연결된 케이블를 분리하지 않습니다.)

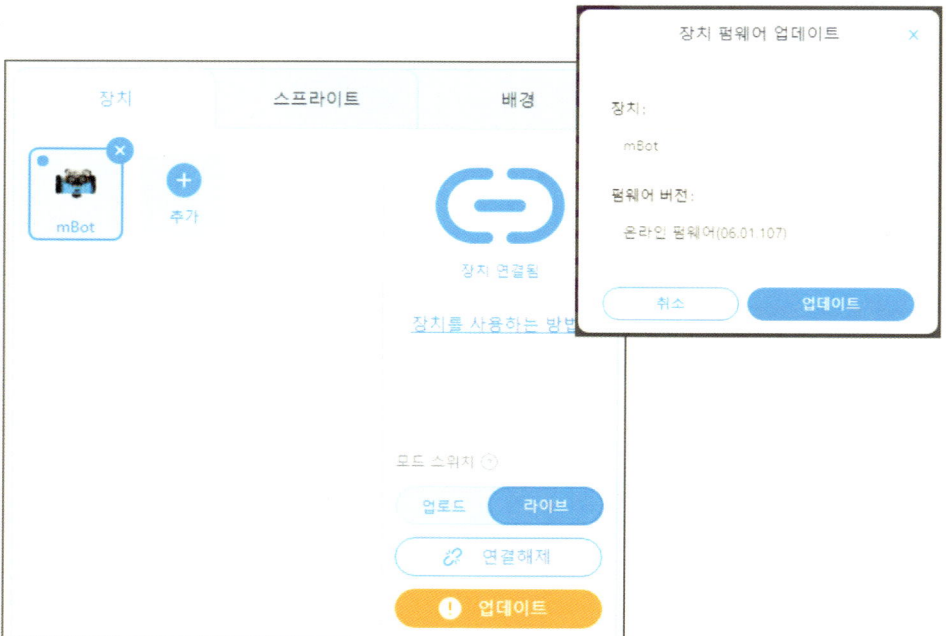

1. 반가워, 엠봇!

- 업데이트가 완료되면 엠봇을 케이블에서 뺀 다음 다시 연결한 후 업데이트 문구가 뜨는지 확인해 봅니다.

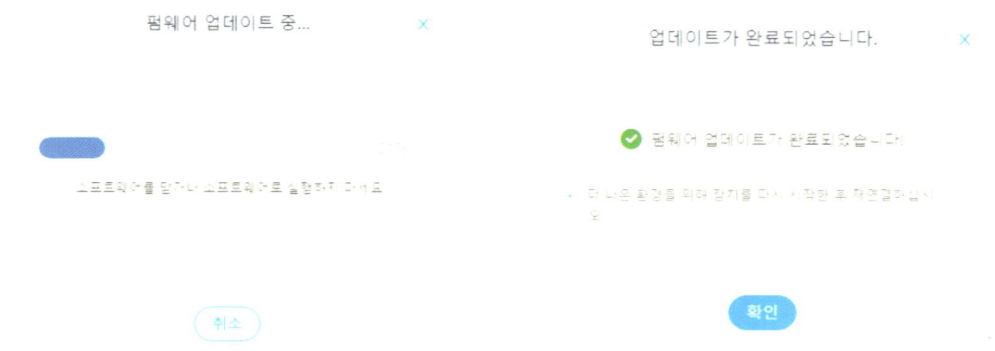

- 장치가 연결되면 장치가 연결됨 표시가 뜹니다.

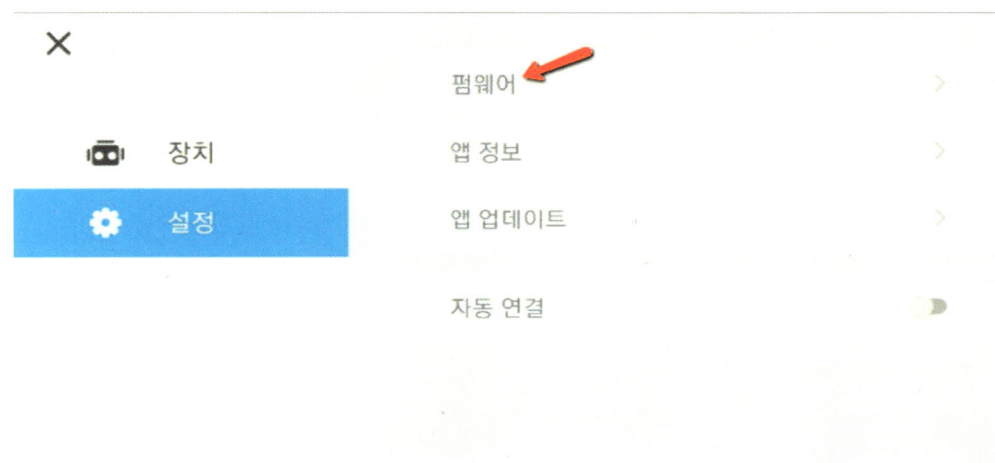

펌웨어 업데이트는 스마트 디바이스 'makeblock'에도 있지만 실제 작동되지 않고 있습니다. (2020.06.21 최종 확인)

웹으로 코딩해요.

모드와 블록 메뉴

엠블록은 두가지 모드가 있습니다. 하나는 **라이브 모드**이고 다른 하나는 **업로드 모드**입니다.

라이브 모드

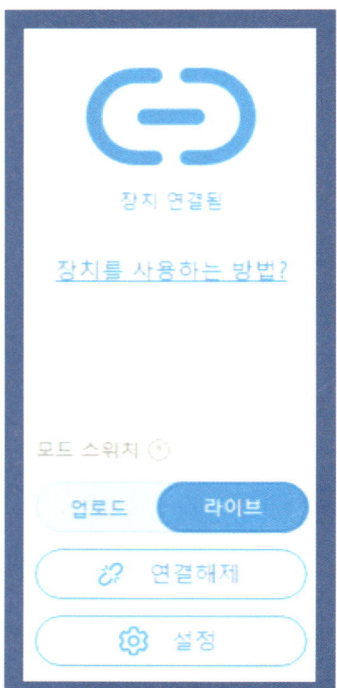

라이브 모드는 실시간으로 엠봇을 제어할 수 있습니다.
엠봇 초음파 센서와 라인팔로잉 센서값을 실시간으로 볼 수 있어서 코드를 바로 수정할 때 좋습니다.
코드를 수정하는 것을 **디버깅**이라고 합니다.

업로드 모드

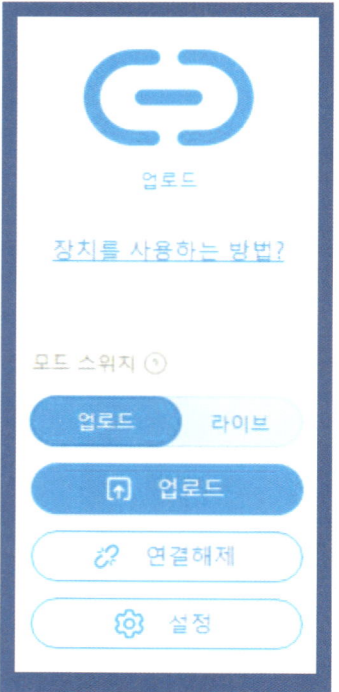

업로드 모드는 엠봇이 컴퓨터에 연결되지 않아도 실행되도록 코드를 저장시켜 줍니다. 업로드 버튼을 눌러서 코드를 엠봇에 보낼 수 있습니다.

1. 반가워, 엠봇!

- 이 장에서는 주로 라이브 메뉴를 사용해서 설명하고 다음 장 프로젝트에서는 업로드 모드로 진행하겠습니다.

- 장치 연결 오른쪽에 블록 메뉴가 있습니다. 기본 메뉴 9개가 있고 맨 아래 확장 메뉴에서 메뉴를 더 추가할 수 있습니다.

각 메뉴를 눌러보며 어떤 블록이 있는 지 살펴보세요!

(형태 블록은 LED 모듈이 있어야 합니다.)

형태   보이기   동작   관찰   이벤트   제어   연산   변수   내 블록

- 확장 메뉴를 눌러서 어떤 확장 메뉴가 있는지 살펴보세요.
(빛과 소리, 서보 팩, 센싱 기즈모, 가젯 팩 등)

확장

웹으로 코딩해요.

프로그램 블록 설명

엠봇 코딩을 하기 전에 각 블록의 특징을 살펴 봅시다.

- 엠블록에서 사용하는 블록의 모양을 보면 그 특징들을 쉽게 알 수 있습니다.

모자 블록

코딩을 시작할 때 씁니다.

- 엠블록에서 모자 블록을 찾아서 아래에 세 개 이상 적어봅시다.

스택 블록

주요 명령이 들어 있습니다.

- 엠블록에서 스택 블록을 찾아서 아래에 세 개 이상 적어봅시다.

1. 반가워, 엠봇!

리포터 블록

변수를 처리할 때 씁니다. 변수값을 여기에 넣습니다.

- 엠블록에서 리포터 블록을 찾아서 아래에 세 개 이상 적어봅시다.

부울 블록

조건이나 센서값을 물어볼 때 씁니다.

- 엠블록에서 부울 블록을 찾아서 아래에 세 개 이상 적어봅시다.

뒤집힌 모자 블록

코딩을 끝낼 때 씁니다.

- 엠블록에서 뒤집힌 모자 블록을 찾아서 아래에 세 개 이상 적어봅시다.

웹으로 코딩해요.

보이기 블록 탐구

- 엠봇 앞 쪽에 두 개의 LED와 부저가 있습니다.
보이기 블록은 LED와 부저를 코딩할 수 있습니다.

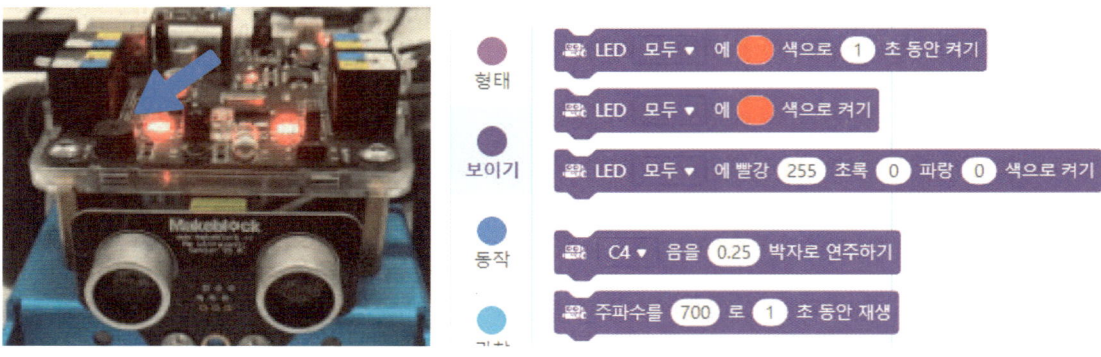

- LED 왼 쪽만 5초 동안 켜지도록 코딩해 볼까요?
- 블록을 오른쪽으로 가져와서 '**왼쪽**'을 선택하고 1을 **5**로 바꾸고 블록을 더블클릭 하세요.

- 도-미-솔 음을 1박자로 이어서 연주하게 코딩해 볼까요?
- 숫자가 커질수록 높은 음입니다.

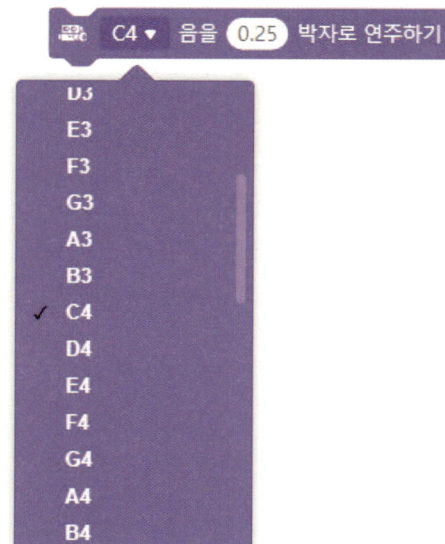

- 보이기 블록에서 내가 탐구한 내용을 적어 봅시다.

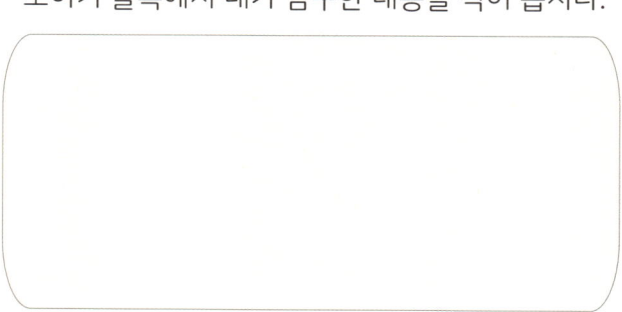

38 슈퍼 STEAM 엠봇

1. 반가워, 엠봇!

동작 블록 탐구

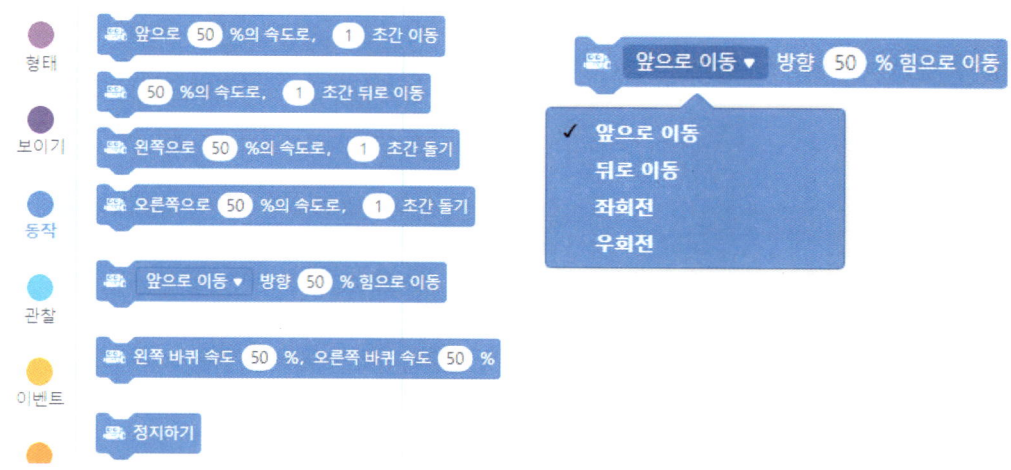

> 동작 블록은 엠봇의 두 모터를 제어하는 명령을 할 수 있습니다!

- 각 모터의 힘과 사용시간을 제어할 수도 있고, 각 모터의 도는 방향을 제어해서 엠봇이 앞으로 가거나 왼쪽, 오른쪽으로 돌게 하거나 뒤로 가게 할 수 있습니다.
- 건전지의 상태에 따라 모터가 회전하는 값이 달라질 수 있어서 상황에 맞게 회전하는 속도와 시간을 다르게 설정하는 것이 필요합니다.

- 정지하기 블록을 사용하지 않고 앞으로 이동/ 뒤로 이동/ 좌회전/ 우회전 방향으로 이동 중에 모터를 정지하게 하려면 어떻게 해야 할까요?

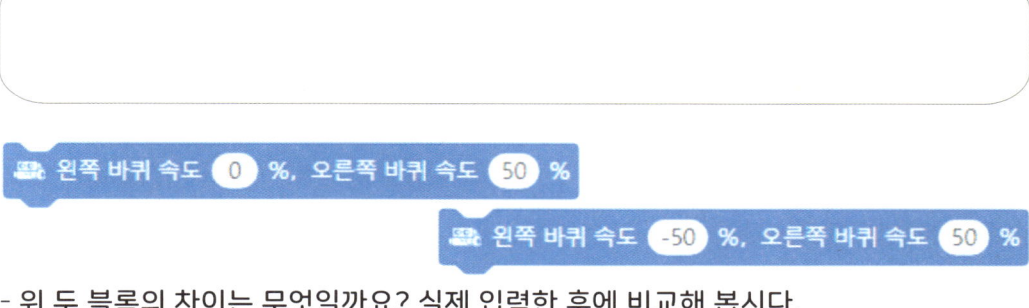

- 위 두 블록의 차이는 무엇일까요? 실제 입력한 후에 비교해 봅시다.
- 동작 블록에서 내가 탐구한 내용을 적어 봅시다.

웹으로 코딩해요.

관찰 블록 탐구

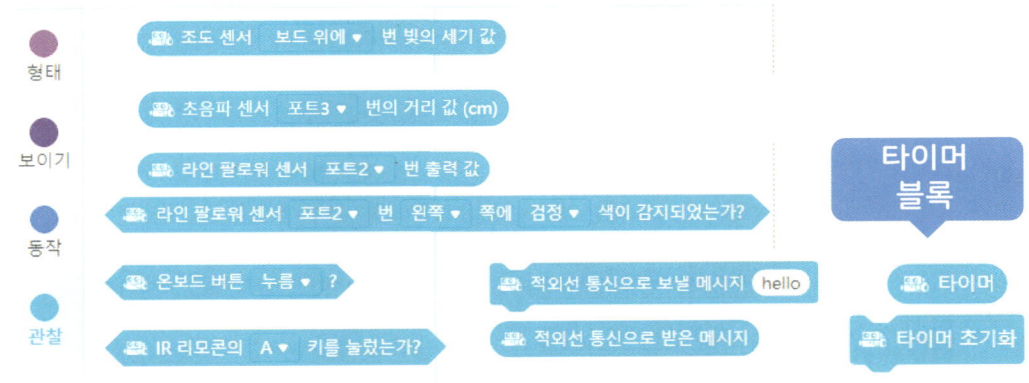

관찰 블록에는 엠봇에 있는 센서값을 알 수 있는 블록이 있습니다.

- 리포터 블록이나 부울 블록 모양으로 되어 있어서 엠봇에 있는 초음파 센서, 조도 센서, 라인 팔로워 센서, 적외선 센서, 버튼 값이나 변하는 정도를 알 수 있습니다.

- 조도센서 빛의 세기값을 나타내는 리포터 블록을 오른쪽에 가져다 두고 더블클릭 해봅시다. 엠봇 위를 손바닥으로 가리고 다시 더블클릭 해봅시다. 값이 어떻게 바뀌나요?

- 초음파 센서(Ultrasonic sensor) 리포터 블록을 오른쪽에 가져다 두고 더블클릭 해봅시다. 초음파 센서 앞을 치우고 다시 더블클릭 해봅시다. 값이 어떻게 바뀌나요?

관찰 블록에서 내가 탐구한 내용을 적어 봅시다.

1. 반가워, 엠봇!

이벤트 블록 탐구

이벤트 블록에는 엠봇이 코딩을 실행하기 위한 블록이 있습니다.
- 라이브모드와 업로드 모드가 서로 다르게 작동하며, 업로드 모드에는 엠봇이 켜졌을 때만 있습니다.

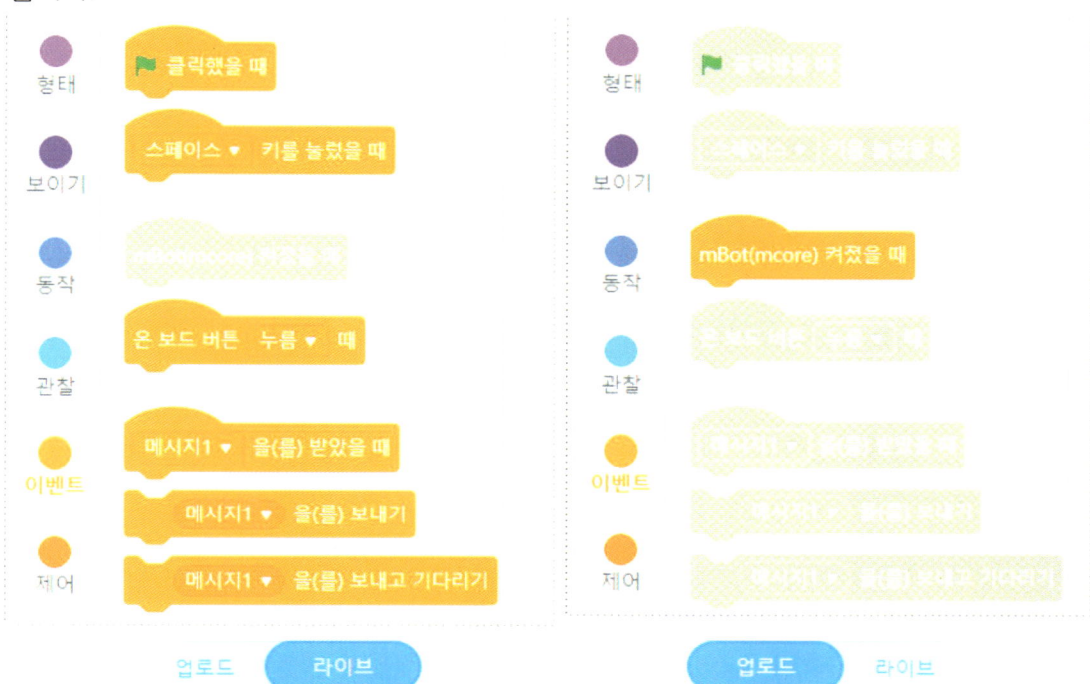

라이브 모드에서 아래처럼 코딩한 뒤 작동해보고 어떻게 실행되는지 적어 봅시다.

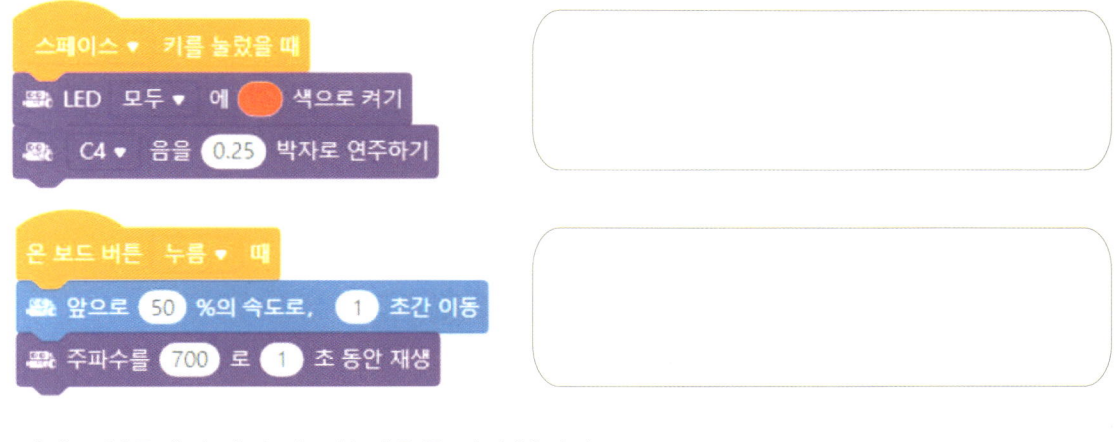

이벤트 블록에서 내가 탐구한 내용을 적어 봅시다.

웹으로 코딩해요.

제어 블록 탐구

제어 블록에는 코딩을 다양하게 하기 위한 블록이 있습니다.
- 기다리기, 반복하기, 조건에 맞으면 실행하기, 조건에 맞을 때까지 기다리거나 반복하기, 정지하기 등의 블록이 있습니다.

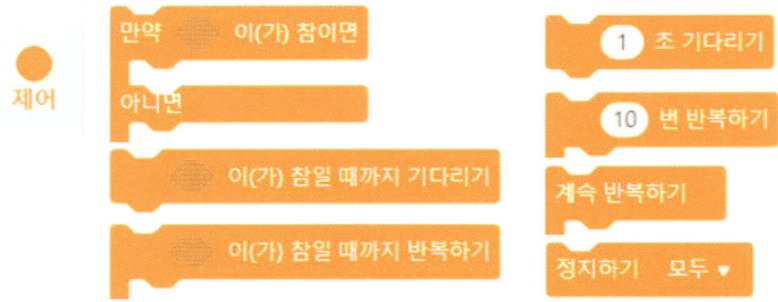

스페이스바를 눌렀을 때 빨간 LED와 파란 LED가 반복적으로 계속 켜졌다 꺼지도록 해볼까요?

바닥에 흰 색이 있을 때만 앞으로 가고, 그렇지 않으면 계속 정지해있도록 코딩해 볼까요?

그 밖에, 제어 블록에서 내가 탐구한 내용을 적어 봅시다.

1. 반가워, 엠봇!

연산 블록 / 변수 블록 탐구

연산 블록과 변수 블록에서는 센서값을 계산해서 코딩을 해줄 수 있도록 도와줍니다.

- 연산 블록에 있는 리포트 블록으로 엠봇이 감지하는 여러 센서 값을 다양한 상황에 맞게 계산해서 코딩할 수 있습니다.

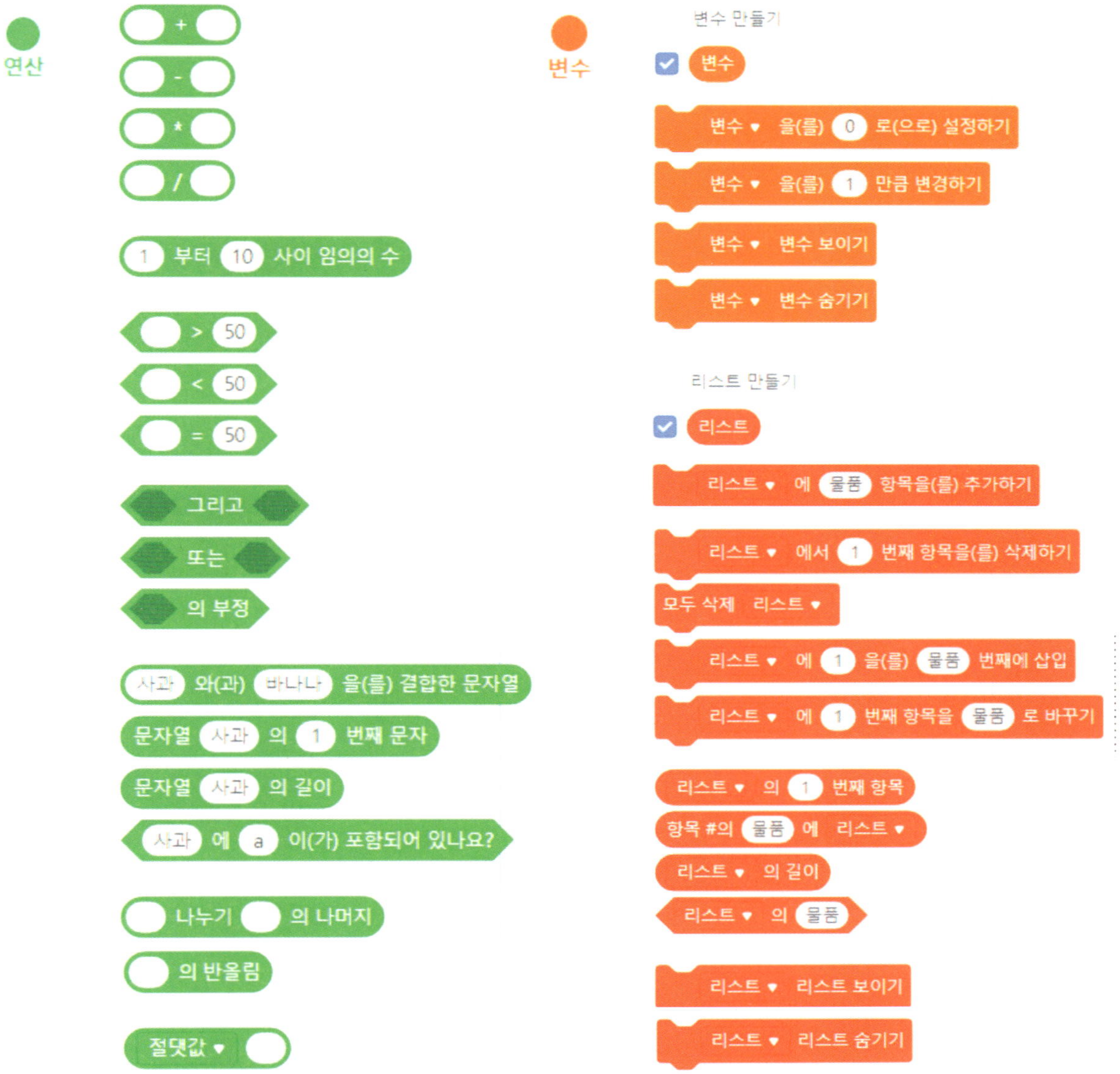

- 센서 값은 또한 변수 블록에서 변수와 리스트로 만들어서 활용할 수 있습니다.
- 변수 블록의 값은 엠블록에 다른 스프라이트에게 영향을 줄 수 있는 변수 값으로 변환되어 컴퓨터나 스마트 디바이스와 연동해서 코딩할 수 있도록 해줍니다.
- 자세한 실습은 **2장. 똑똑해 엠봇**에서 진행됩니다. 대부분의 코딩에서 연산과 변수 블록을 활용합니다.

웹으로 코딩해요.

엠코어 탐구

엠봇 위 커버를 분리해서 속에 있는 엠코어를 탐구해 봅시다.
- 앞에서 배운 코드를 사용해서 각 부품이 작동하는지 살펴 봅시다.

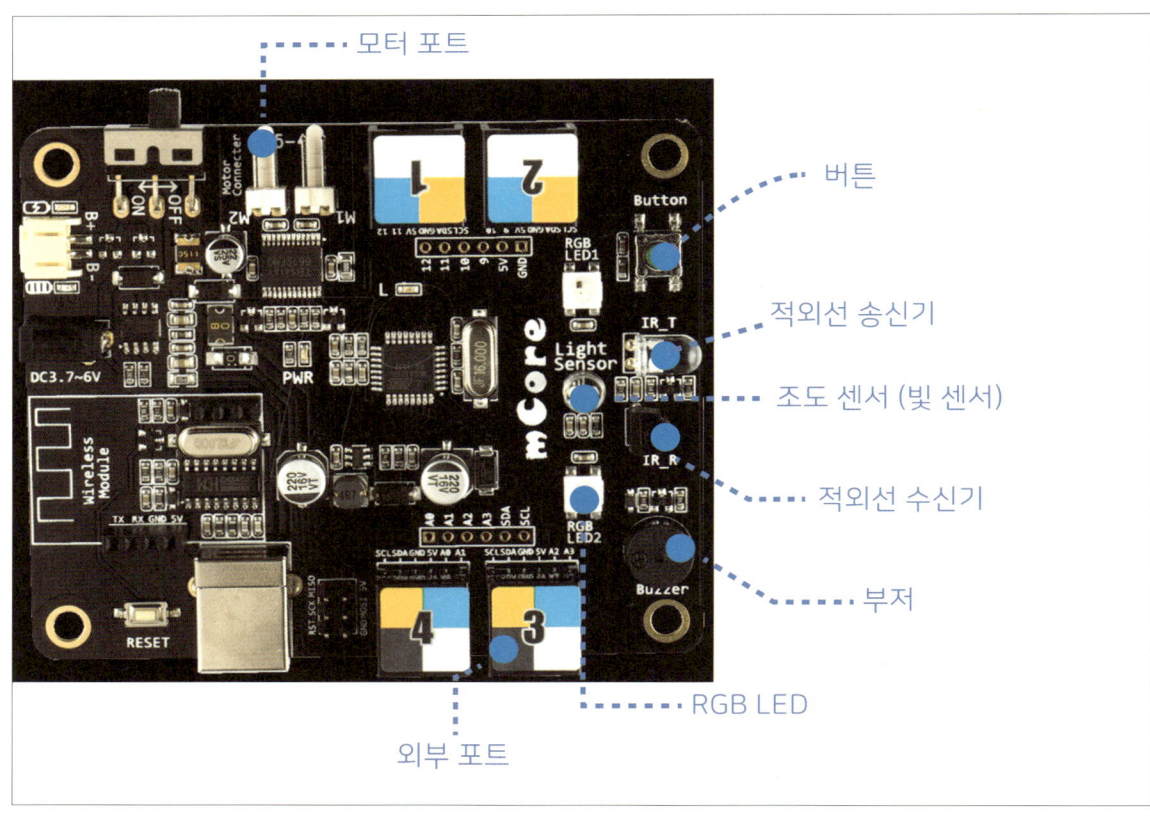

아래에 직접 그려보고, 인터넷에 용어를 찾아보며 더 깊게 탐구해 봅시다.

그리기

1. 반가워, 엠봇!

엠봇 구조 탐구

- 원더코드 홈페이지 (https://www.onethecode.com) 에 있는 엠봇 설명을 보고 빈 곳에 엠봇 설명을 적어 봅시다.
- 엠봇은 4개의 확장 포트가 있어서 100 가지 이상의 모듈을 연결할 수 있습니다. 레고 블록과 같은 다양한 메이킹 툴과 연결할 수 있습니다.

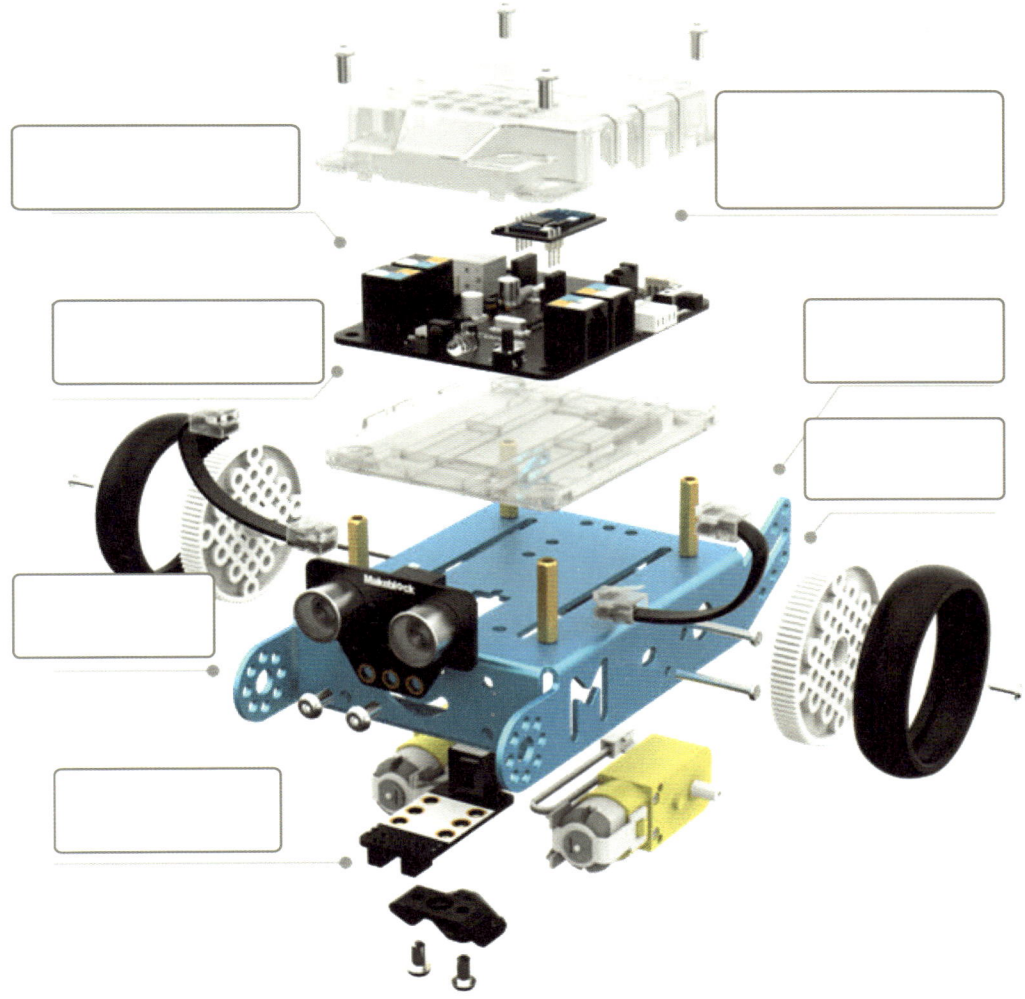

엠봇이 정상작동할 때 초음파 센서와 라인 팔로워 센스에 기본 램프를 찾고 색을 적어봅시다. 라인팔로워 센서는 몇 개가 있나요? 각각 손으로 막은 후에 켜지는 램프의 색을 적어봅시다.

기본램프: 색/   라인팔로워센서: 개/   라인팔로워센서램프: 색

2장. 똑똑해, 엠봇!

 LED 빛을켜자

LED 프로젝트

 엠봇 LED 빛을 왼쪽 오른쪽 교차로 켜지도록 코딩해볼까요?
아래처럼 입력하고 실행해보아요!

LED 빛이 어떻게 켜지나요?

다른 방식으로 코딩해서 위와 같이 빛을 비추게 할 수 있을까요?

1초 기다리기 블록이 없다면 어떻게 빛을 비출까요?

기다리는 숫자를 크게하면 어떻게 빛을 비출까요?

10번만 아니라 계속 반복해서 빛을 비추게 하려면 어떻게 하면 될까요?

더 빨리 깜빡이게 하려면 어떻게 코딩하면 될까요?

2. 똑똑해, 엠봇!

LED를 교차로 켜자

엠봇 LED 빛을 왼쪽 오른쪽 교차로 켜지도록 코딩해볼까요?
아래처럼 입력하고 실행해보아요!

흰색과 파란색 블록을 바꾸면 어떤 일이 일어날지 예상한 후에 적어봅시다.

실제 코딩해보니 어떻게 작동하나요?

빨간색과 파랑색이 왼쪽 오른쪽 교차해서 깜빡이도록 코딩하려면 어떻게 하면 될지 적어봅시다.

경찰차나 구급차처럼 깜빡이게 하려면 어떻게 코딩하면 될까요?

깜빡이는 것과 동시에 소리를 내게 하려면 어떻게 코딩하면 될까요?

LED 빛을켜자

빛을 혼합해서 비추자

 엠봇 LED 빛을 혼합해서 비춰보아요!
다음과 같이 코딩해서 무슨 색이 나오는지 적어보세요

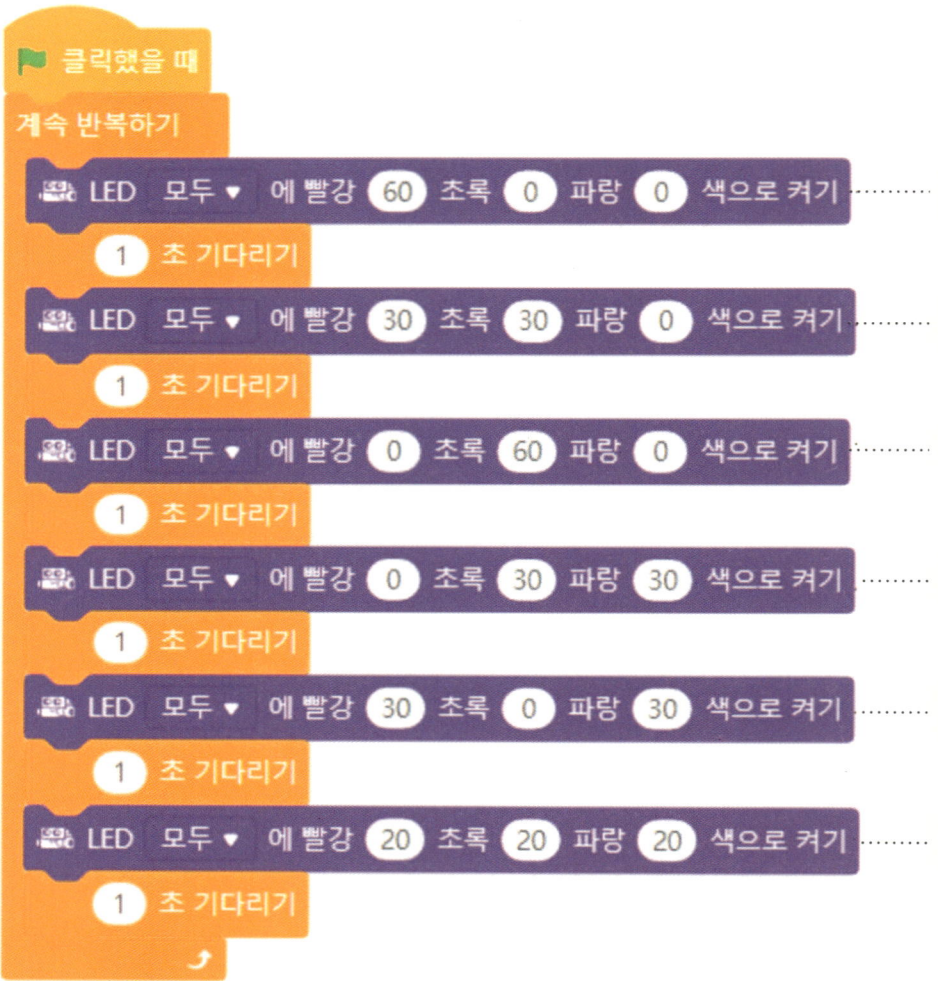

2. 똑똑해, 엠봇!

LED와 같은 빛은 혼합하면 더 밝아집니다.
엠봇에 있는 LED는 RGB LED 라고 하는데
빨강(R), 초록(G), 파랑(B)빛이 섞여서 내는 빛입니다.

내가 원하는 좋아하는 색과 그 색의 RGB 조합을
https://bit.ly/rgbmbot 에서 찾아서 적어보세요.

(   )색

R (   ) G (   ) B (   )

다른 방식으로 혼합 LED를 만들 수 있을까요?
1초 기다리기 블록을 없애고 실행하면 어떤 빛이 나올까요?
나만의 아름다운 조명쇼를 어떻게 만들 수 있을까요?
아이디어를 적어 보아요!

LED 빛을켜자

무지개 만들기

나만의 엠봇 무지개를 만들어 보아요!

	RGB 148, 0, 211
	RGB 75, 0, 130
	RGB 0, 0, 255
	RGB 0, 255, 0
	RGB 255, 255, 0
	RGB 255, 127, 0
	RGB 255, 0, 0

- 엠봇 LED로 무지개 빛을 만들어 보아요.

- LED가 계속해서 무지개빛을 내도록 해 보아요.

- 색을 지정해서 만들거나 RGB 값을 넣어서 만들 수 있어요.

- RGB 값을 넣어서 만들 수 있어요.

- RGB 값을 조정해서 나만의 엠봇 무지개를 만들어 보아요.

내가 선택한 값은   나만의 색 조합을 찾고, 적어봅시다.
어떻게 되었나요?   친구들이 찾은 조합을 입력해서 표현해 봅시다.

빨 -

주 -

노 -

초 -

파 -

남 -

보 -

2. 똑똑해, 엠봇!

마음대로 빛 만들기

마음대로 LED를 비추는 엠봇을 만들어 보아요!

- 연산에서 '1부터 10 사이의 임의의 수' 리포터 블록을 LED 블록에 넣습니다.
- 클릭하면 두 LED가 같은 빛을 내다가 버튼을 누르면 서로 다른 LED 색을 비춥니다.
- 기다리는 수를 0.5와 같이 적게 하거나 2와 같이 크게 하면 어떻게 보이는지 적어봅시다.

임의의 수를 1부터 10이 아닌 더 크게(100부터 200)하거나 작게 (1부터 5)로 하면 어떻게 보이는지 코딩하고 결과를 적어봅시다.

나만의 마음대로 빛을 비추는 코딩을 만들고 코딩한 후 아래에 적어봅시다. 블록을 그려도 되고 작동원리를 글로 설명해도 됩니다.

LED 빛을켜자

버튼 조건, 센서 조건 코딩

엠봇 버튼을 누를 때나 센서 특정 상황이 될 때 작동되도록 코딩해봅시다. 조건을 설정하는 블록은 제어 메뉴에 있고, 버튼과 센서를 설정하는 블록은 관찰 메뉴에 있습니다. 센서값을 계산하는 블록은 연산 메뉴에 있습니다.

```
클릭했을 때
계속 반복하기
  만약 <온보드 버튼 누름▼ ?> 이(가) 참이면
    C4▼ 음을 0.25 박자로 연주하기
```

```
계속 반복하기
  만약 <ultrasonic sensor 포트3▼ distance(cm)> < 10 이(가) 참이면
    C4▼ 음을 0.25 박자로 연주하기
```

버튼을 눌렀다가 떼었을 때 실행되도록 하려면 어떻게 하면 될까요?

음과 박자를 바꿔서 연주해 봅시다. 내가 바꾼 음과 박자를 적어보세요.

초음파센서(ultrasonic sensor)의 거리(distance)를 바꿔서 다른 소리가 나도록 해봅시다. 내가 바꾼 거리와 음을 적어보세요.

라인 팔로워 센서를 이용해서 바닥에 흰색이 있을 때 소리가 나도록 코딩해보세요. 내가 사용한 블록을 아래에 적어봅시다.

2. 똑똑해, 엠봇!

음악 연주하기

 엠봇으로 내가 좋아하는 음악을 연주해봅시다. 여기서는 제어 메뉴의 '참일 때까지 기다리기' 블록을 사용해서 연주하겠습니다.

위와 같이 각각 코딩한 후 실행하고 차이점을 적어보세요

C - 도
D - 레
E - 미
F - 파
G - 솔
A - 라
B - 시

초음파센서(ultrasonic sensor)의 거리(distance)를 바꿔서 다른 소리가 나도록 해봅시다. 내가 바꾼 거리와 음을 적어보세요.

주파수 소리 내기 프로젝트

구급차 소리 주파수로 코딩하기

 엠봇으로 구급차 소리를 내게 해봅시다.

옥타브	0	1	2	3	4	5	6	7	8
도(C)	16	33	65	131	262	523	1047	2093	4186
도#(C#)	17	35	69	139	278	554	1109	2218	4435
레(D)	18	37	73	147	294	587	1175	2349	4699
레#(D#)	20	39	78	156	311	622	1245	2489	4978
미(E)	21	41	82	165	330	659	1319	2637	5274
파(F)	22	44	87	175	349	699	1397	2794	5588
파#(F#)	23	46	93	185	370	740	1475	2960	5920
솔(G)	25	49	98	196	392	784	1568	3136	6272
솔#(G#)	26	52	104	208	415	831	1661	3322	6645
라(A)	28	55	110	220	440	880	1760	3520	7040
라#(A#)	29	58	117	233	466	932	1865	3729	7459
시(B)	31	62	124	247	494	988	1976	3951	7902

구급차 소리의 특징은 무엇인가요?

왼쪽 블록과 오른쪽 블록의 차이점은 무엇일까요?

계이름별 주파수 값을 이용해서 내가 좋아하는 노래를 엠봇으로 연주해 봅시다.

2. 똑똑해, 엠봇!

소리 그라디언트

변수를 활용해서 소리가 점점 변하는 코딩을 해봅시다. 점점 변하게 하는 것을 그라디언트라는 말을 씁니다.

먼저 변수 메뉴에서 '변수 만들기'를 클릭합니다.

그 다음, 변수 이름을 정합니다.

여기에서는 '소리'라고 정하겠습니다.

자신이 원하는 아무 이름을 넣으면 됩니다!

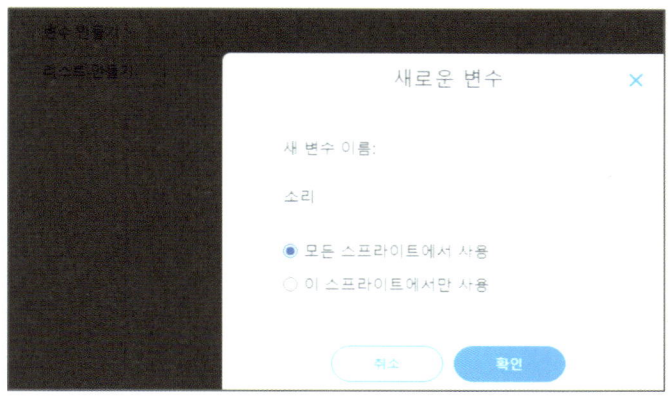

변수가 만들어 졌어요! 이제 아래와 같이 코딩해서 실행해 봅시다!

주파수 소리 내기 프로젝트

소리가 점점 어떻게 되나요?

처음에 소리 나는 주파수는 얼마인가요?

마지막에 내는 주파수는 얼마인가요?

소리가 계속해서 낮아지게 하려면 어떻게 하면 될까요?

2. 똑똑해, 엠봇!

밝기 그라데이션

소리가 점점 변하듯이 밝기도 점점 변하게 코딩할 수 있을까요?
먼저 아래와 같이 코딩해서 실행해 보아요!

처음 LED는 무슨 색일까요?

LED의 색은 몇 단계로 바뀔까요?

0.05초 기다리기 블록의 역할은 무엇일까요?

LED의 최대 밝기를 120으로 바꿔서 실행하고 그 모습을 적어 보세요.

LED 시작 밝기를 30으로 조정해서 실행하고 그 모습을 적어 보세요.

점점 밝아졌다가 점점 어두워지게 하려면 어떻게 코딩하면 될런지 적어 보세요.

주파수 소리 내기 프로젝트

소방차 사이렌 소리 내기

 앞에서 구급차 소리를 코딩 했는데요,
이번에는 소방차, 경찰차 소리와 경광등도 코딩해봅시다.

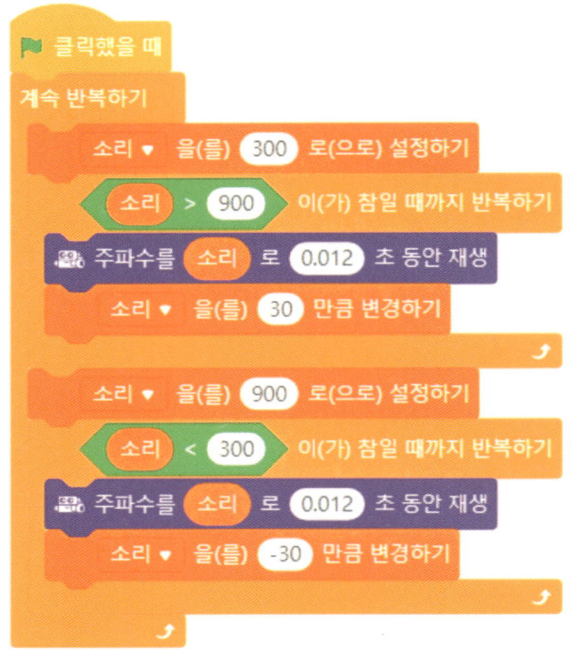

소방차 사이렌
WAIL : 울부짖다 (300-750Hz)
길게 반복 (약 5초)
경광등 -> 빨강색

경찰차 사이렌
YELP : 비명을 지르다 (300-750Hz)
짧게 반복 (약 1초)
경광등 -> 파랑, 빨강색

구급차 사이렌
HI-LO (610-690Hz)
짧게 반복 (약 1초)
경광등 -> 초록색

실제 소방차 소리 주파수를 맞춰서 소리내면 다른 소리가 나는 이유가 무엇일까요?

실제 소방차 소리가 나도록 주파수를 맞춰보고 내가 맞춘 주파수를 적어보세요.

경찰차 소리도 경광등과 함께 만들어봅시다. 내가 만든 주파수와 경광등 색을 적어보세요.

60 슈퍼 STEAM 엠봇

2. 똑똑해, 엠봇!

실시간 빛의 세기 알기

엠봇으로 빛의 세기를 바로 바로 실시간으로 알 수 있을까요?
엠봇의 엠코어에는 빛의 세기를 알 수 있는 조도 센서(광센서)가 있습니다.

장치 탭에서 엠봇을 위와 같이 코딩합니다.
그전에 '빛세기' 변수를 만듭니다. (변수이름은 아무렇게나 지정해도 됩니다.)

스프라이트 메뉴에서 판다나 다른 스프라이트를 위와 같이 코딩합니다.

주파수 소리 내기 프로젝트

현재 광센서 값은 얼마인가요?

빛을 다양하게 변화시키면서 광센서 값의 범위를 찾아보세요. 몇 부터 몇까지 인가요?

햇빛의 광센서 값은 얼마나 될까요?

광센서 값이 빠르게 변경하는 이유는 무엇일까요?

이 경우를 해결하려면 어떻게 코딩하면 좋을까요?

더 탐구하고 싶은 내용은 무엇인가요?

2. 똑똑해, 엠봇!

주위 환경에 따라 배경 밝기 변하게 하기

밝기 효과를 '광센서값/ 5-100'으로 바꾼 이유는 무엇일까요?

밝기 효과를 '어안렌즈, 소용돌이 등' 다른 효과로 실행해 봅시다.

엠봇 광센서값에 따라 배경이 아닌 스프라이트 밝기가 달라지도록 코팅해봅시다.

조종하기 프로젝트

적외선 통신하기

컴퓨터 없이 엠봇으로 통신을 주고 받도록 코딩해 봅시다.
엠봇을 두 대 이상 준비해서 하나는 통신을 보내는 엠봇, 다른 하나는 통신을 받는 엠봇으로 코딩을 업로드 합니다.

통신을 보내는 엠봇 (mBot)

```
mBot(mcore) 커졌을 때
계속 반복하기
  만약 <온보드 버튼 누름?> 이(가) 참이면
    적외선 통신으로 보낼 메시지 [빨강]
    A7 ▼ 음을 0.2 박자로 연주하기
```

메세지를 주고 받는 엠봇 (mBot3)

```
mBot(mcore) 커졌을 때
계속 반복하기
  만약 <적외선 통신으로 받은 메시지 = [s]> 이(가) 참이면
    LED 모두 ▼ 에 빨강 20 초록 0 파랑 0 색으로 켜기
    C4 ▼ 음을 0.2 박자로 연주하기
    LED 모두 ▼ 에 빨강 0 초록 0 파랑 0 색으로 켜기
  만약 <온보드 버튼 누름?> 이(가) 참이면
    적외선 통신으로 보낼 메시지 [s]
    LED 모두 ▼ 에 빨강 0 초록 0 파랑 20 색으로 켜기
    A4 ▼ 음을 0.2 박자로 연주하기
    LED 모두 ▼ 에 빨강 0 초록 0 파랑 0 색으로 켜기
```

통신을 받는 엠봇 (mBot2)

```
mBot(mcore) 커졌을 때
계속 반복하기
  만약 <적외선 통신으로 받은 메시지 = [빨강]> 이(가) 참이면
    LED 모두 ▼ 에 빨강 20 초록 0 파랑 0 색으로 켜기
    C4 ▼ 음을 0.2 박자로 연주하기
    LED 모두 ▼ 에 빨강 0 초록 0 파랑 0 색으로 켜기
```

동시에 두 가지 이상 메시지를 보낼 수 있나요?

얼마나 많은 엠봇이 동시에 메시지를 받을 수 있나요?

엠봇이 메시지를 줄 수도 있고, 받을 수도 있도록 코딩할 수 있나요?

내가 보내고 싶은 메시지를 적고, 실제로 작동되게 코딩해 보세요.

2. 똑똑해, 엠봇!

엠봇 키보드로 조종하기

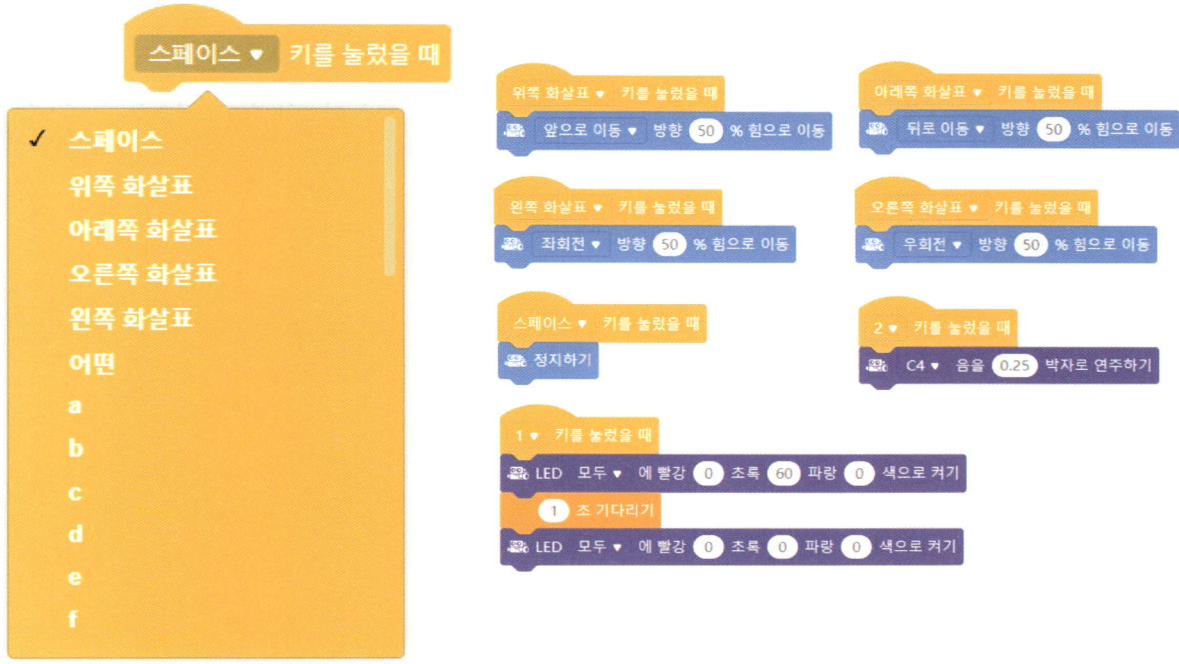

앞으로 1% 힘으로 이동하지 않는 이유가 무엇일까요?

200% 힘과 100% 힘 이동 속도가 같은 이유가 무엇일까요?

버튼 하나로 LED와 소리 그리고 이동을 동시에 하게 할 수 있을까요?

키보드로 엠봇을 다양하게 조종하고 내가 조종한 내용을 아래에 적어봅시다.

조종하기 프로젝트

M자로 이동하는 엠봇

 엠봇이 알파벳 '엠(M)'자로 움직이게 코딩해 봅시다. 아래와 같이 코딩한 후 힘과 기다리는 초를 바꿔서 '엠(M)'자 모양으로 이동하도록 해봅시다.
내가 사용한 힘과 기다리는 초를 적어 보세요.

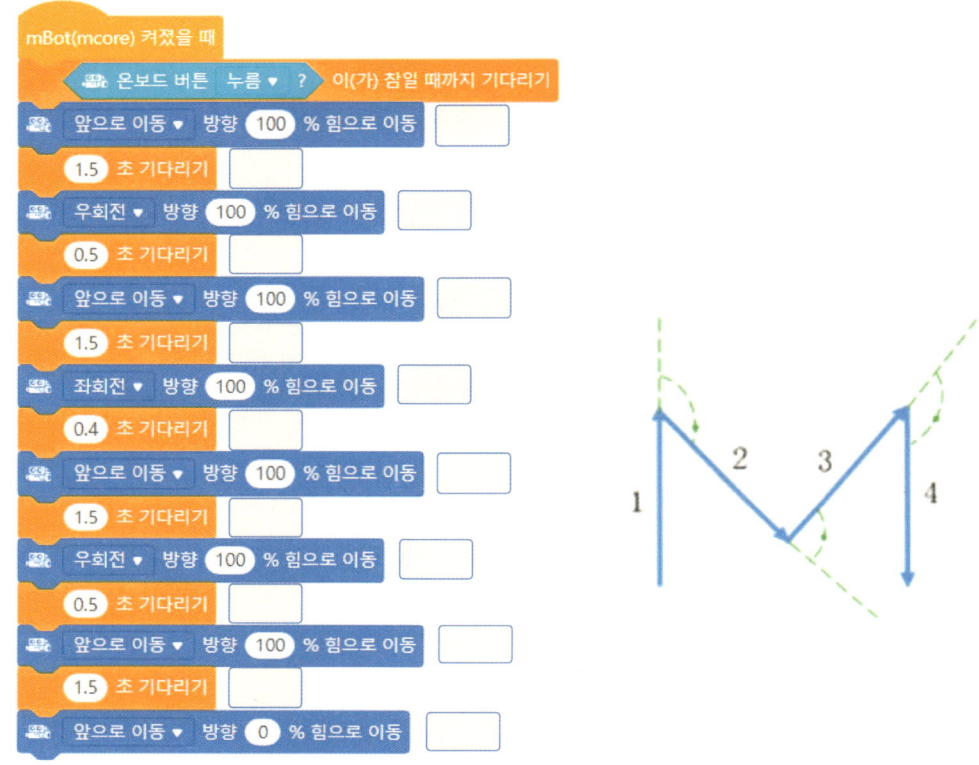

이번에는 'Z'자 모양으로 이동하게 해봅시다. 어디를 수정하면 될까요?

이동시 조명과 소리 효과를 추가해 봅시다. 내가 사용한 조명과 소리는 어떤 것인가요?

다른 블록들을 사용해서 M모양이나 Z자 모양으로 이동하게 해봅시다.

2. 똑똑해, 엠봇!

S자로 이동하는 엠봇

엠봇이 알파벳 '에스(S)'자로 움직이게 코딩해 봅시다. 아래와 같이 코딩한 후 힘과 기다리는 초를 바꿔서 '에스(S)'자 모양으로 이동하도록 해봅시다. 내가 사용한 힘과 기다리는 초를 적어 보세요.

내 블록을 만드는 이유가 무엇일까요?

엠봇이 회전하며 이동하는 이유가 무엇일까요?

엠봇이 타원형 트랙을 계속 돌도록 하려면 어떻게 코딩하면 될까요?

타원형 트랙에서 직선에서는 속도를 최대로 코너에서는 속도를 줄이게 이동시켜 봅시다.

센서 활용 프로젝트

엠봇 구급차 만들기

- 엠봇으로 구급차 소리와 구급차 경광등을 만들어 봅시다.
- 아래와 같이 코딩한 후 엠봇에 업로드 한 후 실행해 봅시다.

실제 구급차 소리와 어떤 차이가 있나요?

실제 소방차 소리 주파수를 맞춰서 소리내면 다른 소리가 나는 이유가 무엇일까요?

실제 소방차 소리가 나도록 주파수를 맞춰보고 내가 맞춘 주파수를 적어보세요.

경찰차 소리도 경광등과 함께 만들어봅시다. 내가 만든 주파수와 경광등 색을 적어보세요.

2. 똑똑해, 엠봇!

초음파 센서 프로젝트

 컴퓨터로 엠봇의 초음파센서 거리값을 더 정확히 볼 수 있습니다. 엠봇은 1Cm 부터 4m(400Cm)까지를 잴 수 있습니다. 엠봇 초음파 센서 앞에 30도 안에 있으면 감지 할 수 있습니다. 너무 가깝거나 멀면 400 이라고 나옵니다.

이 프로젝트에서 반올림 블록을 사용하는 이유는 무엇일까요?

- 초음파 센서값으로 할 수 있는 프로젝트를 해봅시다.

- 친구와 나 사이의 거리를 재보세요. 우리집 가구 거리를 재보세요.

- 내 키를 재보세요. 천장 높이를 재봅시다.

그밖에 초음파 센서로 쉽게 잴 수 있는 것이 무엇이 있을까요?
찾아서 재어보고 아래에 적어봅시다.

센서 활용 프로젝트

장애물 앞 자동 정지하기

엠봇이 장애물 앞에서 자동 정지하게 코딩해 봅시다.

```
mBot(mcore) 켜졌을 때
앞으로 이동▼ 방향 80 % 힘으로 이동
초음파 센서 포트3▼ 번의 거리 값 (cm) < 10 이(가) 참일 때까지 기다리기
앞으로 이동▼ 방향 0 % 힘으로 이동
```

장애물을 없애면 계속 앞으로 갈 수 있도록 코딩해 볼까요?

```
mBot(mcore) 켜졌을 때
계속 반복하기
    만약 초음파 센서 포트3▼ 번의 거리 값 (cm) < 10 이(가) 참이면
        앞으로 이동▼ 방향 0 % 힘으로 이동
    아니면
        앞으로 이동▼ 방향 80 % 힘으로 이동
```

초음파 센서값을 다양하게 바꿔가면서 장애물 앞에 정지하는 엠봇을 관찰해 봅시다.
아래에 그 결과를 적어봅시다.

실제 소방차 소리 주파수를 맞춰서 소리내면 다른 소리가 나는 이유가 무엇일까요?

실제 소방차 소리가 나도록 주파수를 맞춰보고 내가 맞춘 주파수를 적어보세요.

70 슈퍼 STEAM 엠봇

2. 똑똑해, 엠봇!

장애물 회피하기

 엠봇이 장애물을 만나면 피해 가도록 코딩해 봅시다.

```
mBot(mcore) 켜졌을 때
  [온보드 버튼 누름 ▼ ?] 이(가) 참일 때까지 기다리기
계속 반복하기
  만약 [초음파 센서 포트3 ▼ 번의 거리 값 (cm)] > 10 이(가) 참이면
    앞으로 이동 ▼ 방향 50 % 힘으로 이동
  아니면
    우회전 ▼ 방향 100 % 힘으로 이동
    1 초 기다리기
```

- 초음파 센서값으로 할 수 있는 프로젝트를 해봅시다.

- 친구와 나 사이의 거리를 재보세요. 우리집 가구 거리를 재보세요.

- 내 키를 재보세요. 천장 높이를 재봅시다.

- 친구와 나 사이의 거리를 재보세요. 우리집 가구 거리를 재보세요.

- 내 키를 재보세요. 천장 높이를 재봅시다.

장애물 회피 하기 코딩 활동을 통해 내가 더 하고 싶은 활동을 적어보세요.

센서 활용 프로젝트

라인센서값 탐구

 엠봇의 라인센서 값을 탐구합시다.

엠봇 라인 트레싱 종이를 준비합니다.
위와 같이 코딩한 후 아래의 네 가지 경우를 찾아서 각 경우의 되는 상황을 기록합니다.

초음파 센서값을 다양하게 바꿔가면서 장애물 앞에 정지하는 엠봇을 관찰해 봅시다.
아래에 그 결과를 적어봅시다.

실제 소방차 소리 주파수를 맞춰서 소리내면 다른 소리가 나는 이유가 무엇일까요?

2. 똑똑해, 엠봇!

들어올림/ 개봉상황 감지하기

엠봇을 들어올리거나 엠봇을 감싼 천을 개봉할 때 경보가 울리도록 코딩해봅시다.
아래와 같이 코딩하고 원리를 생각해봅시다.

빈칸에 알맞은 내용을 적어보세요.

- 엠봇이 ☐ ~ ☐ Cm 들어 올려지면 ☐ 이 반사되지 않아 값이 ☐ 입니다.
  - 이 경우 들어올려진 것으로 감지되어 ☐ 가 납니다.

엠봇이 들어 올려질 때 센서값은 얼마일까요?

엠봇을 앞이 위를 보게 세운 다음 안경닦이와 같은 천으로 덮습니다.

위 코드를 실행하고, 천을 개봉할 때 어떤 상황이 되는지 관찰합니다.

이 상황을 이용해서 만들고 싶은 프로젝트를 아래에 적어봅시다.

센서 활용 프로젝트

절벽 감지하기

 엠봇이 절벽을 감지해서 떨어지지 않게 바로 멈추도록 코딩해 봅시다.

위와 같이 코딩한 후 상황에 맞게 바꿔봅시다.

책상이나 테이블로 절벽을 만들 수 없어,
바닥에 엠봇을 놓아야 할 경우 어떻게 세팅할 수 있을까요?

바닥에서 엠봇을 멈추게 하려면 어떻게 할 수 있을까요?

절벽을 감지한 후에 엠봇이 뒤로 이동하도록 코딩하고 사용한 블록을 적어 봅시다.

위에서 사용한 블록이 아닌 다른 블록으로 절벽 감지를 할 수 있을까요?
자신이 사용한 다른 블록을 적어봅시다.

2. 똑똑해, 엠봇!

라인 팔로우 프로그램 만들기

 간단한 라인 팔로우 프로그램을 만들어봅시다.
아래와 같이 코딩하고 엠봇에 업로드해봅시다.

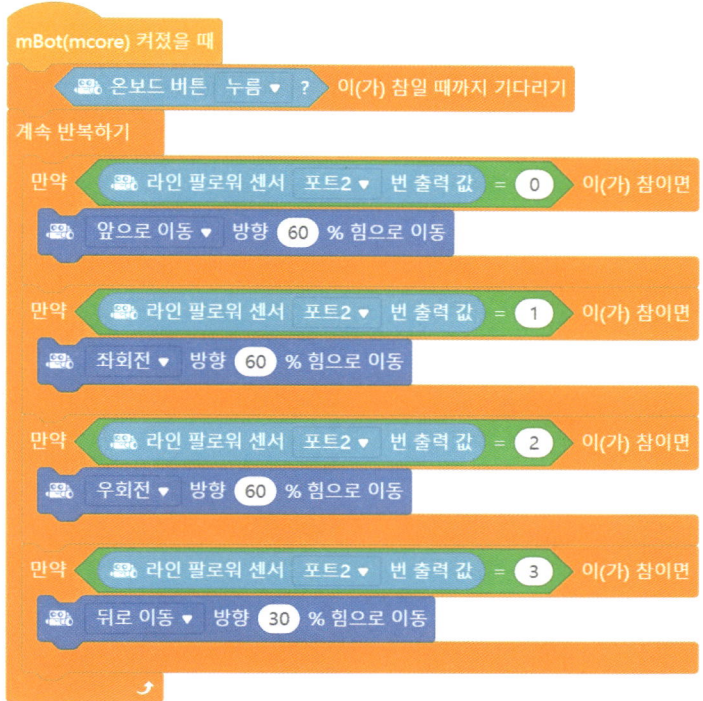

라인팔로우 종이에 엠봇을 놓고 테스트해보세요. 잘 움직이나요? 더 잘 움직이게 하거나 잘 움직이지 않는다면 어떻게 코드를 바꾸면 좋을까요? 자신이 바꿀 코드를 적고 실행해 봅시다.

- 밝은 바닥이나 종이에 검정 전기 테이프를 사용해서 다양한 라인을 만들고 엠봇을 실행해 봅시다.

- 라인에 따라 가장 잘 인식하도록 엠봇 전진과 회전 속도를 변경해봅시다.

뒤로 이동하는 방법 외에 검정 색을 찾을 수 있는 방법이 있을지 적어봅시다.

센서 활용 프로젝트

다양한 삼각형 모양으로 이동하며, 그리기

 엠봇으로 다양한 삼각형을 그려봅시다.

삼각형의 특징은 무엇인가요?

- 엠봇이 삼각형을 만들 수 있도록 코딩해 봅시다.

```
mBot(mcore) 켜졌을 때
  온보드 버튼 [누름 ▼] ? 이(가) 참일 때까지 기다리기
앞으로 50 %의 속도로, 3 초간 이동
오른쪽으로 50 %의 속도로, 0.8 초간 돌기
앞으로 50 %의 속도로, 3 초간 이동
오른쪽으로 50 %의 속도로, 0.8 초간 돌기
앞으로 50 %의 속도로, 3 초간 이동
```

위와 같이 코딩해서 자신의 엠봇 건전지 상황에 맞게 속도와 초를 바꿔 보세요.

엠봇으로 직각 삼각형을 만들어봅시다.

2. 똑똑해, 엠봇!

직각 삼각형의 특징은 무엇인가요?

자신이 코딩한 블록을 그려서 아래에 적어보세요.

엠봇에 펜을 연결해서 삼각형을 그려 볼까요?

교과연계 프로젝트

다양한 사각형 모양으로 이동하며, 그리기

엠봇으로 다양한 사각형들을 그려봅시다. 사각형의 특징은 무엇인가요?

- 엠봇이 사각형을 만들 수 있도록 코딩해 봅시다.

위와 같이 코딩해서 자신의 엠봇 건전지 상황에 맞게 속도와 초를 바꿔 보세요.

위와 같은 사각형을 무슨 사각형이라고 하나요?

엠봇으로 다른 형태의 사각형을 만들 수 있을까요?

엠봇이 사다리꼴, 평행사변형, 마름모 등 여러 가지 사각형 모양으로 이동할 수 있도록 코딩해봅시다. 자신이 코딩한 블록을 그려서 아래에 적어보세요.

엠봇에 펜을 연결해서 삼각형을 그려 볼까요?

2. 똑똑해, 엠봇!

엠봇 확장 키트 활용 프로젝트

 똑똑한 엠봇은 확장 키트를 활용하면 더 풍성한 프로젝트를 진행할 수 있습니다.

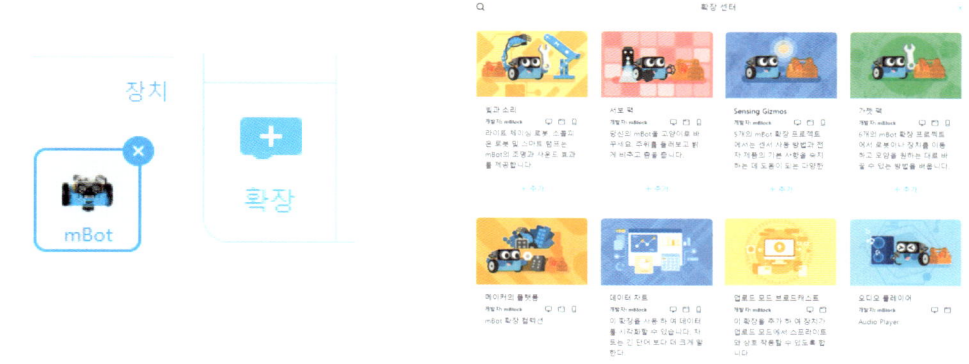

원더코드 엠봇 워크북 - 초급 79

교과연계 프로젝트

내가 하고 싶은 프로젝트는 어떤 것인가요? 어떤 확장 키트가 필요하나요?

2. 똑똑해, 엠봇!

엠봇 종합 프로젝트 만들기

앞에서 똑똑한 엠봇의 다양한 특징을 살펴보았지요?
앞에서 배운 엠봇의 특징을 이용해서 종합 프로젝트를 만들어봅시다.
우리 친구가 만들고 싶은 엠봇의 움직임이나 LED 내기, 소리 내기를 구상해서
종합 프로젝트를 만들어봅시다.

상황소개
내가 만들고 싶은 것을 글로 적으며 명확하게 합니다.

문제해결
엠봇으로 어떻게 만들 것인지 적어보세요.

정리
구상하거나 실제 작동해 보면서 느낀 점이나 더 보강할 방법을 적습니다.

3장. 즐거워, 엠봇!

엠봇 전통놀이

엠봇 꾸미기

 엠봇을 꾸미는 즐거운 놀이를 해봅시다.

- 엠봇에 붙임 종이를 붙여서 꾸며 봅시다.

- 엠봇에 레고를 붙여서 꾸며 봅시다.

　　　　　　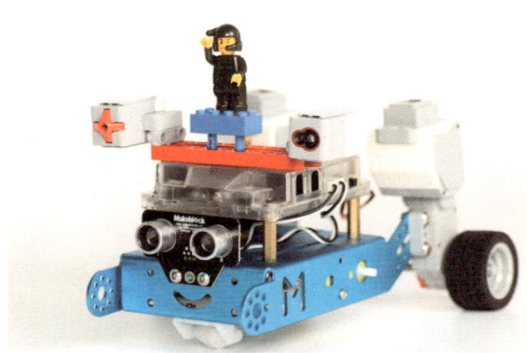

사진 출처:https://bit.ly/3gOZ0XS　　　사진 출처:https://bit.ly/3fZNlsn

꾸미기 활동을 하면서 느낀 점을 적어 보세요.

3. 즐거워, 엠봇!

'무궁화 꽃이 피었습니다' 놀이 하기

엠봇 조종이 익숙해지면, 엠봇으로 즐거운 놀이를 합니다.

- 엠봇으로 '무궁화 꽃이 피었습니다.' 놀이를 합니다.

- 놀이 방법은 우리가 하는 '무궁화 꽃이 피었습니다.'와 같습니다. 단지 친구들이 하는 것이 아니라 친구들은 엠봇을 조종해서 엠봇이 게임을 한다는 점이 다릅니다.

엠봇으로 무궁화 꽃이 피었습니다를 해보고 더 즐겁게 하려면 어떤 점을 바꿔서 하면 좋을지 적어봅시다.

- 바닥에서 할 수도 있고 책상 위에서 조심스럽게 조종해서 할 수도 있습니다.
- 책상 아래로 떨어지면 술래가 되도록 하는 등 게임 규칙을 정해서 즐거운 놀이를 합니다.

무궁화 꽃이 피었습니다. 놀이를 하고 나서 느낀 점을 적어 봅시다.

엠봇 스포츠 놀이

술래잡기, 경찰 도둑 놀이 하기

엠봇을 조종해서 술래잡기 놀이를 해볼까요?

- 술래를 정해서 시작한 후 술래 엠봇과 닿은 엠봇이 술래가 됩니다.
- 게임 규칙을 바꿔서 술래가 정해진 시간에 얼마나 많은 엠봇을 잡는지 게임을 할 수도 있습니다. 이 경우 모든 사람이 돌아가면서 술래가 됩니다.

- 술래에게 잡히면 엠봇을 뒤집어 둡니다.

엠봇으로 술래잡기 놀이를 해보고 더 즐겁게 하려면 어떤 점을 바꿔서 하면 좋을 지 적어 봅시다.

- 이번에는 경찰 도둑 놀이를 엠봇으로 합니다. 놀이를 하는 친구들을 경찰 팀과 도둑팀으로 나눕니다. 놀이는 술래잡기와 비슷하지만 도둑을 잡은 경찰은 감옥으로 도둑을 데리고 와야 합니다. 감옥으로 끌려가는 도둑이나, 감옥에 있는 도둑을 다른 도둑이 터치하면 도망갈 수 있습니다.

경찰 도둑 놀이를 하고 나서 느낀 점을 적어 봅시다.

3. 즐거워, 엠봇!

엠봇 축구 게임

 엠봇으로 축구를 해 봅시다.

- Makeblock 앱>실행>조종하기를 이용해도 되고 실행>만들기에서 나만의 조종 설정을 만들어서 해도 됩니다.
- 축구 게임을 하기 전에 먼저 드리블 연습을 합니다. 드리블 연습할 때는 피구공처럼 푹신하면서 묵직한 공이나 뒤집은 종이컵을 활용하면 좋습니다.

- 드리블 연습이 마치면 친구들과 함께 두 팀으로 나누어 축구를 합니다. 서로의 골대를 정한 이후에 상대 골대에 공을 넣으면 됩니다.

엠봇 축구 게임을 하며 느낀 점을 적어 봅시다.

- 엠봇 축구 게임을 응용해서 진행해 봅시다. 어떤 방법으로 응용할 수 있을까요?

- 공을 여러 개 두고 게임하기
- 피구처럼 공 피하기
- 골키퍼를 코딩해서 움직이게 한 다음 축구하기
- 승부차기 엠봇으로 코딩해서 하기

엠봇 축구 게임을 응용해서 할 수 있는 놀이는 무엇이 있을지 적어 봅시다.

엠봇 스포츠 놀이

바구니와 스탠드 넘어뜨리기 놀이

 **엠봇으로 공통의 목표를 가지고 하는 놀이를 해봅시다.**

- 플라스틱 바구니를 세로나 가로로 세워서 준비합니다.
- 정해진 시간 안에 바구니를 넘어뜨리는 게임을 합니다. 어떻게 하면 바구니를 짧은 시간에 넘어뜨릴 수 있을까요?

- 바구니를 넘어뜨리는 게 익숙해졌다면 스탠드를 넘어뜨리는 게임을 해 봅시다. 뒤에서 움직이지 않게 고정해주는 엠봇도 필요하고, 앞에서 함께 미는 엠봇도 필요합니다.

바구니와 스탠드 넘어뜨리기 놀이를 하면서 느낀 점을 적어 봅시다.

3. 즐거워, 엠봇!

엠봇 청소 놀이

엠봇 청소 놀이를 합시다.

- 먼저 청소 놀이를 할 구역을 바닥에 표시 합니다. 청소 놀이를 할 구역에 구긴 종이를 여러 개 놓습니다.
- 정해진 시간에 구긴 종이를 청소놀이 구역 밖으로 많이 놓는 팀이 이깁니다.

- 익숙해지면 종이컵을 뒤집어 놓고 해봅시다. 더 익숙해지면 종이컵을 세워서 진행해 봅시다.

청소놀이를 하면서 느낀 점을 적어 봅시다.

엠봇 스포츠 놀이

엠봇 메이크X 대회 체험

엠봇으로 하는 전세계 메이크X 대회를 체험해 보는 활동입니다.

- 두팀으로 나눕니다. 경기장과 골대를 만듭니다. 종이컵을 뒤집어서 경기장 가운데에 놓습니다.
- 정해진 시간에 골대에 종이컵을 많이 넣는 팀이 이기는 경기입니다.

종이컵을 골대에 많이 넣으려면 어떤 전략이 필요할까요?

메이크 X 대회를 체험 하고 느낀 점을 적어 봅시다.

3. 즐거워, 엠봇!

엠봇 펜싱 놀이

 엠봇 펜싱 놀이를 합시다.

- 풍선을 크게 불어서 쉽게 터지도록 만듭니다. 엠봇 앞에는 풍선을 터트릴 수 있도록 산적꼬지, 나무 젓가락, 핀을 붙입니다.
- 경기장을 만들고 엠봇을 조종해서 시간 내에 상대방 풍선을 먼저 터뜨리면 이기는 게임입니다.

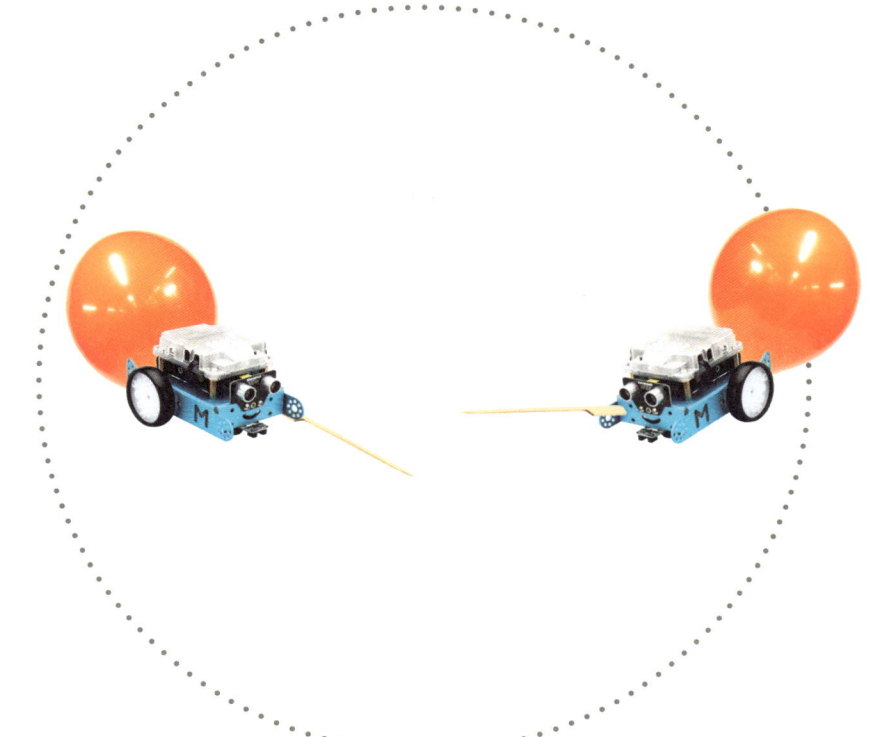

- 1:1 펜싱게임에 익숙해졌다면 2:2나 팀별로 진행해 봅시다.
펜싱 게임을 이기기 위한 나만의 전략이 있다면 적어 봅시다.

-펜싱 게임을 하고 나서 느낀 점을 적어 봅시다.

엠봇 스포츠 놀이

엠봇 마라톤

엠봇으로 마라톤 경기를 해봅시다.

- 메이크블록 앱 > 만들기 > 흔들기 조종을 연습합니다.
- 엠봇을 조종하는 디바이스를 흔들어서 엠봇을 움직이게 하는 활동입니다.

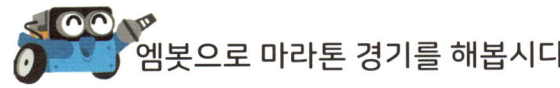

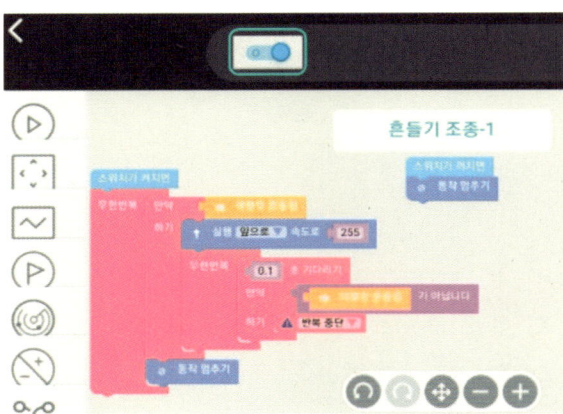

어떻게 하면 엠봇이 디바이스 흔들림을 잘 인식해서 갈 수 있을까요?

엠봇 마라톤을 하고 나서 느낀 점을 적어 봅시다.

3. 즐거워, 엠봇!

엠봇 작곡 놀이

엠봇으로 신나는 곡을 만들어 봅시다.

- 메이크 블록 앱>실행>연주하기에 들어갑니다.
- 엠봇으로 다양한 음을 연주하면서 재미있는 곡을 찾아보세요.

내가 찾은 음의 숫자들의 순서를 아래에 적고, 친구나 가족에게 뽐내봅시다.

친구가 찾은 음의 숫자들의 순서를 아래에 적고 연주해 봅시다.

엠봇 작곡 놀이를 하고 나서 느낀 점을 적어 봅시다.

엠봇 스포츠 놀이

엠봇 볼링 놀이

엠봇으로 다양한 볼링을 합니다.

- 장난감 볼링핀이나 종이컵을 준비합니다.
- 종이컵을 피라미드 모양으로 만듭니다.
- 먼저, 메이크블록 앱> 실행> 조종하기에서 전력 질주 버튼을 활용합니다.

- 순서에 맞게 볼링을 하면서 점수를 기록합니다. 두번의 기회가 있습니다.

	1	2	3	4	5	6	7	8	9	10	

3. 즐거워, 엠봇!

- 다음으로 조종을 해서 볼링을 할 수 있습니다.
- 마지막으로 엠봇을 코딩해서 움직이며 볼링을 할 수 있습니다.

종이컵을 다양한 모양으로 세워서 게임해 보세요. 더 견고하게 하려면 여러 개를 겹칠 수 있습니다.

엠봇 볼링 놀이를 하고 나서 느낀 점을 적어 봅시다.

엠봇 스포츠 놀이

엠봇 컬링 놀이

엠봇으로 컬링 놀이를 합니다.

- 바닥에 컬링 과녁판을 만듭니다.
- 아래와 같이 코딩한 후에 업로드 합니다.
- 엠봇 앞에 막대기를 컬링하는 것처럼 왔다갔다 해서 과녁에 멈추도록 합니다.

- 더 어렵게 하려면 '초음파 센서값'이나 '기다리기 값'을 변경해서 진행합니다
- 메이크블록 앱으로 코딩해서 업로드할 수 있을까요?

엠봇 컬링 놀이를 하고 나서 느낀 점을 적어봅시다.

96 슈퍼 STEAM 엠봇

3. 즐거워, 엠봇!

엠봇 야구 놀이

엠봇으로 야구를 해볼까요?

- 엠봇에 야구 방망이 역할을 할 젓가락이나 종이 뭉치 혹은 화장지 심을 연결합니다.
- 테니스 공이나 탱탱볼 같이 부드러운 공을 엠봇에게 보내면 엠봇이 회전 명령을 칠 수 있도록 합니다.

- 1루수, 2루수, 3루수를 만들어서 게임할 수도 있고 실제 야구처럼 다른 팀 엠봇이 수비하게 할 수 있습니다.

- 야구 점수판을 만들어 점수를 기록하고 놉니다.

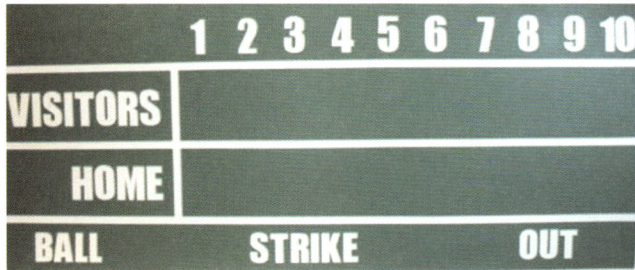

엠봇 야구 놀이를 하고 나서 느낀 점을 적어 봅시다.

엠봇 전통놀이

엠봇 바닥 코딩 하기

엠봇이 따라가도록 코딩해 봅시다.

- 검정 절연 테이프나, 마스킹 테이프를 바닥에 붙이거나 두꺼운 검정 도화지를 잘라서 엠봇이 따라갈 수 있도록 코딩해 봅시다.

코딩하면서 라인팔로우 센서 위에 램프가 켜지는지 테스트하면서 진행합니다. 엠봇이 바닥에 있는 검정색을 잘 따라가기 위해서 어떤 조건이 필요할까요?

- 흰 종이에 두꺼운 검정색을 칠해서 진행해도 됩니다.

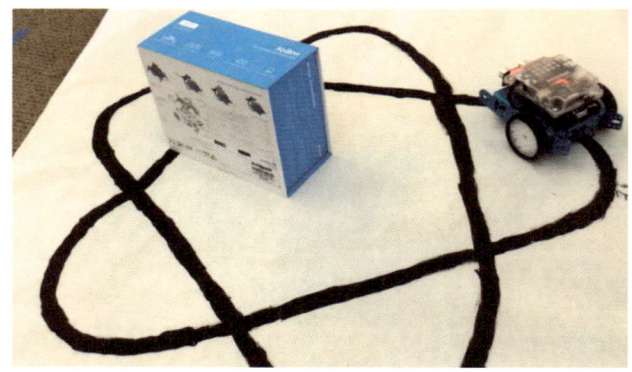

엠봇 바닥 코딩을 하고 나서 느낀 점이나 개선해야 할 점을 적어 봅시다.

3. 즐거워, 엠봇!

미션 임파서블 개인 놀이

엠봇을 책상 아래로 떨어지지 않게 코딩해 봅시다.

- 책상이 없다면 큰 흰 종이 위에 엠봇을 올려놓고 해도 좋습니다.

라인 팔로우 센서를 이용해서 책상 아래로 떨어지지 않게 하려면 어떻게 코딩하면 될 지 적어 봅시다.

초음파 센서를 이용해서 책상 아래로 떨어지지 않게 하려면 어떻게 코딩하면 될 지 적어 봅시다.

위 코드를 참고해서 라인 팔로우 센서와 초음파 센서를 모두 이용해서 책상 아래로 떨어지지 않게 코딩하고 느낌을 적어 봅시다.

엠봇 전통놀이

미션 임파서블 단체 놀이

놀이 1

팀원의 모든 엠봇이 책상 아래로 떨어지지 않게 하거나 흰색 바닥의 정해진 구역 밖으로 나가지 않도록 코딩해 봅시다.
- 책상을 네개로 붙입니다.
- 엠봇을 앞 쪽 코딩을 참고해서 코딩합니다.

놀이 2

바닥에 원이나 사각형을 그린 후 정해진 시간 동안 팀원의 엠봇이 밖으로 나가지 않도록 코딩합니다.
- 정해진 시간 동안 엠봇이 밖으로 나가지 않았다면 점점 크기를 줄여가면서 놀이합니다.

놀이 3

초음파가 닿는 거리를 멀리 설정한 후에 멀리서 엠봇이 선 밖으로 나가지 않도록 놀이합니다.

미션 임파서블 단체 놀이를 변형해서 어떤 놀이를 할 수 있을까요?

미션 임파서블 단체 놀이를 하고 나서 느낀 점을 적어 봅시다.

3. 즐거워, 엠봇!

엠봇 기차 놀이

 엠봇 기차 놀이를 해요.

-대장 엠봇을 따라서 거리를 맞춰서 기차처럼 가도록 코딩해 봅시다.

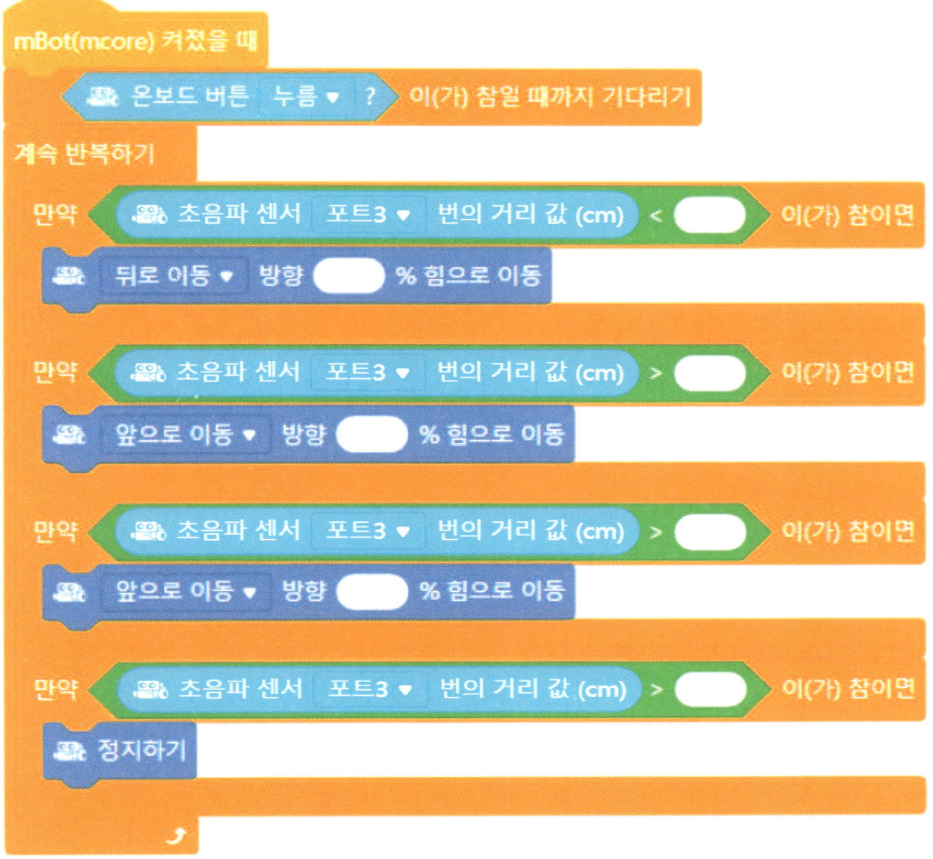

친구들과 상의해서 코딩해도 좋고, 위 코딩을 응용해도 좋습니다. 빈칸에 어떤 수를 넣어야 기차처럼 자연스럽게 갈 수 있을까요?

-얼마나 많은 친구 엠봇이 함께 갈 수 있을지 코딩해 봅시다.
-다양한 LED 램프도 켜고, 소리도 내며 가도록 코딩해 봅시다.

엠봇 기차 놀이를 하고 나서 느낀 점을 적어 봅시다.

엠봇 메이킹 놀이

도둑 탐지기 만들기 놀이

불빛이 없어도 도둑을 탐지할 수 있는 물건을 지키는 엠봇을 만들어 봅시다.
- 도둑이 물건을 가져갈 때 경보가 울리도록 코딩해 봅시다.

도둑이 멀리서부터 올 때 어떤 센서를 이용하면 좋을까요?

물건 위에 엠봇을 놓고 물건이 없어질 때 경보가 울리도록 하려면 어떤 센서를 이용하면 좋을까요?

두 대나 네 대의 엠봇 가운데에 물건을 놓고 물건이 없어질 때 경보가 울리도록 하려면 어떤 센서를 이용하면 좋을까요?

친구들과 상의해서 만든 블록을 그려봅시다.

그리기

엠봇 도둑 탐지기 만들기 놀이를 하고 나서 느낀 점을 적어 봅시다.

3. 즐거워, 엠봇!

엠봇 미로 탈출 놀이

 **엠봇 미로 탈출 놀이를 해요.**

-엠봇 박스나 책이나 장난감으로 미로를 만들고 엠봇이 탈출하도록 코딩해봅시다.

엠봇이 미로를 탈출할 때 사용할 센서는 무엇일까요?

<엠봇 미로 탈출 예시>

엠봇 미로 탈출 놀이를 하고 나서 느낀 점을 적어 봅시다.

엠봇 메이킹 놀이

엠봇 염력 / 장풍 놀이

엠봇을 염력으로 나를 따라오게 하거나 장풍으로 멀리 가게 하는 코딩을 해봅시다.

- 먼저 아래와 같이 코딩하고 엠봇을 실행해 봅니다.

엠봇 앞으로 손을 가져다 대면 엠봇은 어떻게 움직이나요?

- 이제 반대로 움직이게 코딩해봅시다.

내 염력이나 장풍이 더 세지도록 엠봇의 초음파 센서 반응 값과 이동하는 값을 바꿔보고 내가 바꾼 값을 적어 보세요.

엠봇을 손으로 이동하게 한 염력과 엠봇을 멀리 보내는 장풍 놀이를 하고 나서 느낀 점을 아래에 적어 보세요.

3. 즐거워, 엠봇!

랜덤 스피너 게임

엠봇으로 랜덤 스피너 게임을 만들어 봅시다. 엠봇을 아래와 같이 코딩한 후 아래 빈 칸에 벌칙을 적습니다. 엠봇을 실행한 후 벌칙에 당첨되면 벌칙을 하는 게임입니다.

- 주사위가 필요할 때도 활용가능합니다.

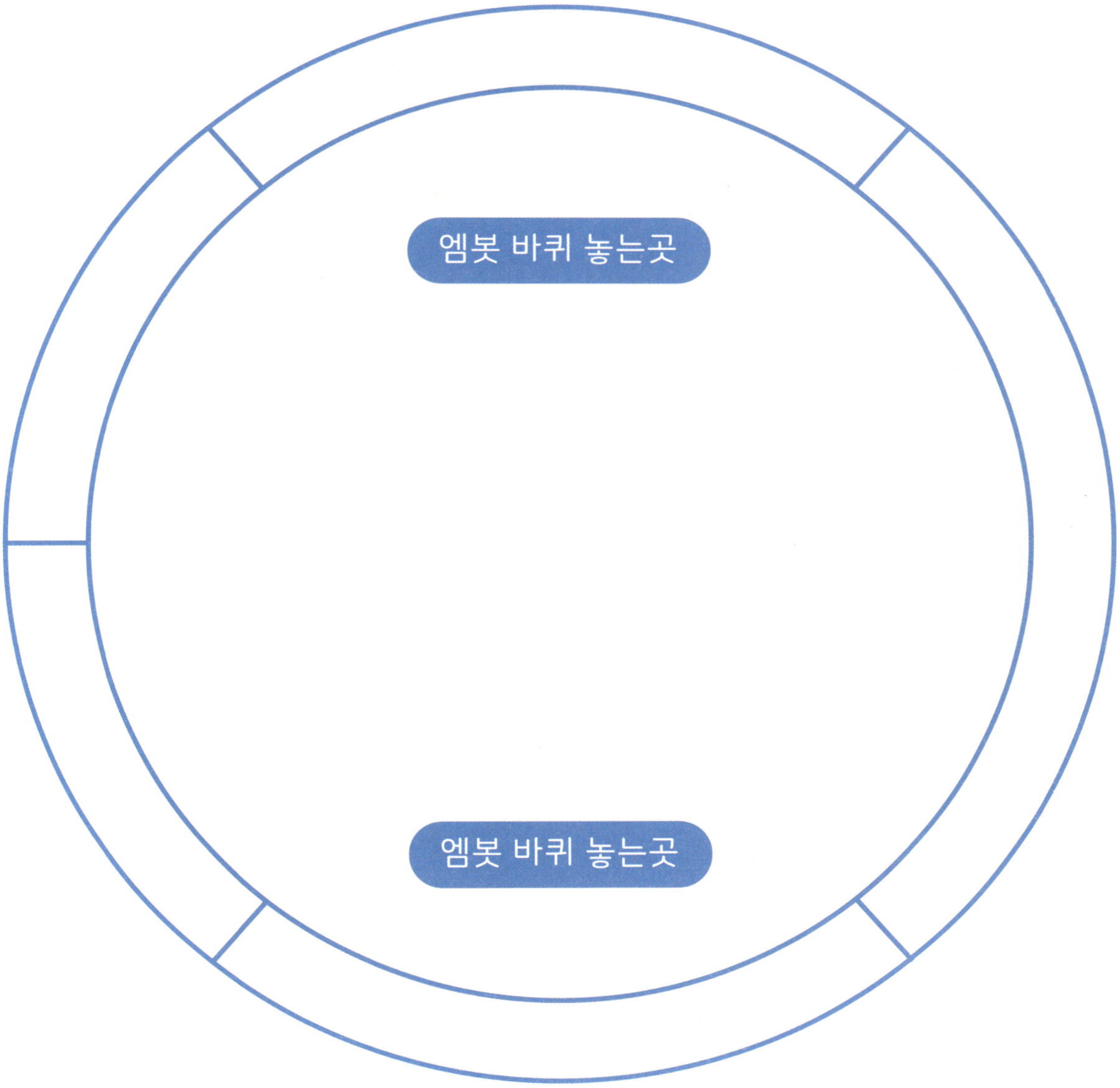

(엠봇 바퀴 놓는곳)

(엠봇 바퀴 놓는곳)

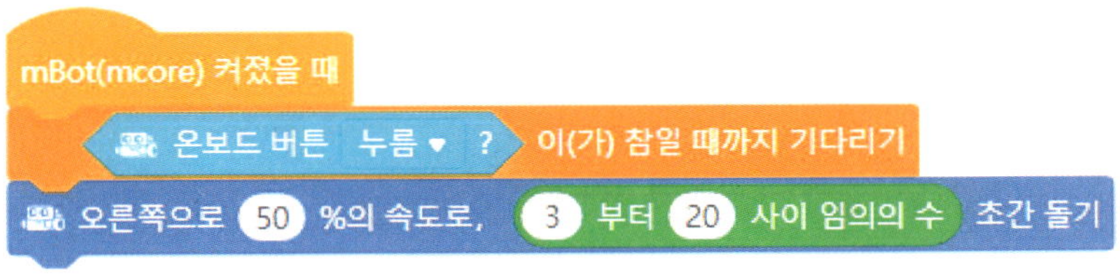

```
mBot(mcore) 켜졌을 때
    온보드 버튼 누름 ▼ ? 이(가) 참일 때까지 기다리기
    오른쪽으로 50 %의 속도로, 3 부터 20 사이 임의의 수 초간 돌기
```

엠봇 메이킹 놀이

 ### 춤추는 엠봇 만들기 놀이

엠봇을 내가 좋아하는 노래에 맞춰서 춤추도록 코딩해 봅시다.

- 처음 연습할 때는 박자가 간단하고 신나는 노래로 준비합니다
- 내가 좋아하는 노래의 제목은 [　　　　　　] 입니다.
- 혼자서 춤추게 만들 수도 있고, 팀을 정해서 각자의 내용으로 만들 수도 있습니다

내가 움직이게 하고 싶은 내용을 적어 봅시다.

- 내가 만든 춤을 반복해서 여러 번 추게 하면 노래 모든 부분을 다 코딩할 수고를 덜 수 있습니다.

내가 코딩한 내용을 적어 봅시다.

- 다른 친구들과 함께 엠봇 댄스 경연대회를 해봅시다.

춤추는 엠봇 만들기 놀이를 하면서 느낀 점을 적어 봅시다.

3. 즐거워, 엠봇!

엠봇 생활 속 거리두기 경보 장치 만들기

코로나19 상황에서 학교에서 엠봇으로 거리두기 경보 장치를 만들어봅시다.
아래와 같이 코딩하며 자신의 책상 주위에 거리를 입력하도록 합니다. 만약에 거리 내에 사람이 오면 경보가 오도록 합니다.
초음파 센서의 감지각이 30도 밖에 안 되니 오른쪽과 왼쪽으로 계속해서 움직이도록 합니다.

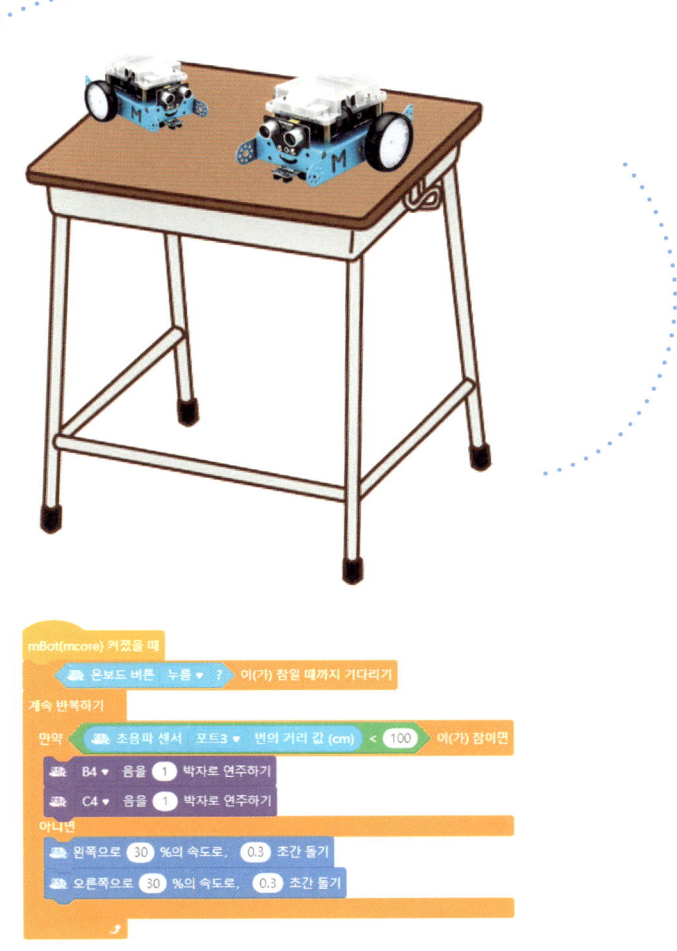

엠봇 생활 속 거리두기 경보 장치를 만들고 난 느낌을 적어봅시다.

엠봇 메이킹 놀이

엠봇 벽에 붙이기 놀이

엠봇 벽에 붙이기 놀이를 합시다. 먼저 출발할 곳을 정합니다. 엠봇의 속도와 이동 시간을 넣어서 엠봇을 최대한 벽에 붙이는 놀이입니다. 벽에 닿으면 실격입니다.

- 컴퓨터로 미리 코딩할 수도 있고 엠블록 앱으로 제어할 수도 있습니다

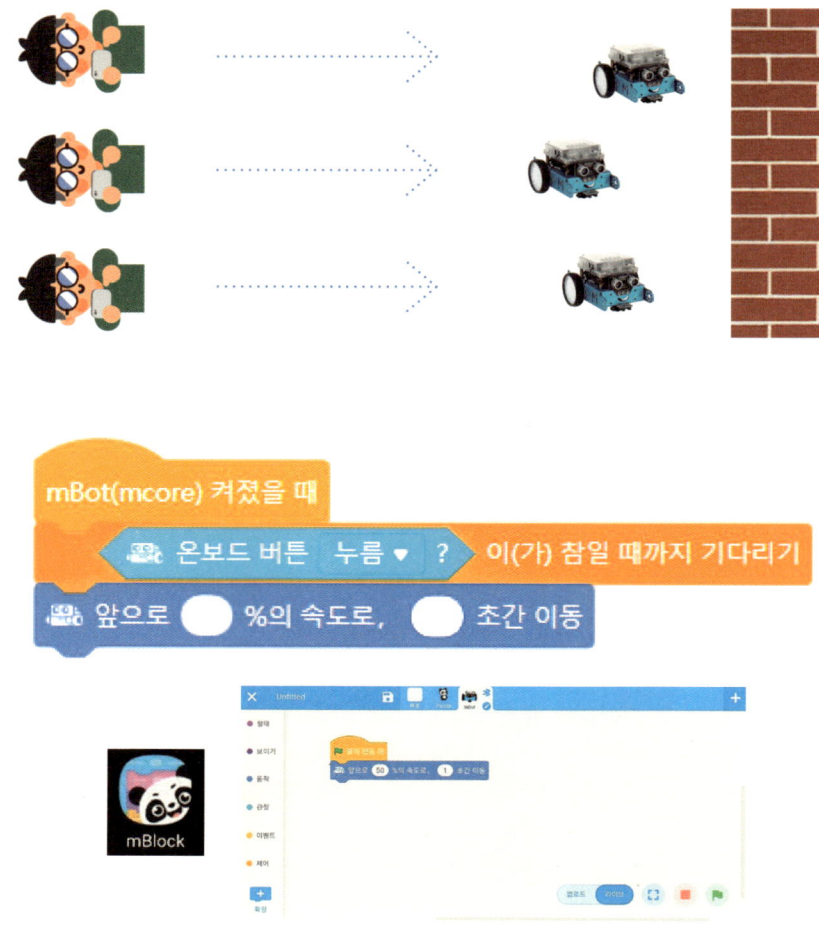

벽에 붙이기 놀이를 하면서 느낀 점을 적어 봅시다.

108 슈퍼 STEAM 엠봇

3. 즐거워, 엠봇!

타이머 활용 폭탄 만들기

 엠봇에 내장된 타이머 코딩을 활용해서 폭탄을 만들어 봅시다.

- 위와 같이 코딩하고 실행해 봅시다.

더 코딩을 간단히 하려면 어디를 수정하면 될까요?

타이머 시간을 랜덤으로 바꾸려면 어떻게 수정하면 좋을까요?

타이머 활용 폭탄 만들기 활동을 하고 나서 느낀 점을 적어 봅시다.

엠봇 메이킹 놀이

엠봇 개조 놀이

우리 주변에서 쉽게 볼 수 있는 재료로 엠봇을 개조하는 놀이를 합시다.

- 엠봇 조종하기 놀이에서 라인 팔로우 센서와 초음파 센서가 파손될 수 있는데 이를 방지하기 위한 케이스를 종이컵으로 만들면 어떨까요?
고무줄과 종이컵 하나로 쉽게 만들 수 있습니다.

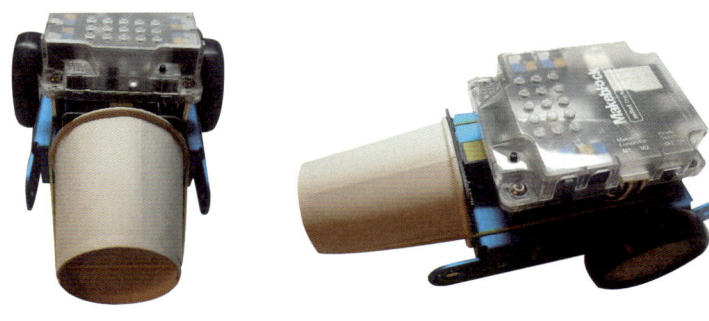

- 엠봇 뒤에 멋진 부스터가 나오도록 보이게 하려면 어떻게 만들면 좋을까요?
  엠봇 앞에 주위를 교란시키는 팔이 필요하다면 어떻게 만들면 좋을까요?

우리 주위의 재료로 엠봇을 내가 원하는 형태로 개조하고 아래에 글로 설명하거나 그림으로 그려봅시다.

3. 즐거워, 엠봇!

엠봇 전투 경기장 만들기 프로젝트

우리 친구들은 로봇 전투에 대해서 알고 있나요?
엠봇 전투 경기장을 만들어 친구와 함께 로봇 전투 놀이를 해봅시다.

- 로봇 전투 경기장에 필요한 것을 생각해서 적어 봅시다.

출발장소, 대기장소, 절벽, 함정, 낭떠러지, 장애물, ...

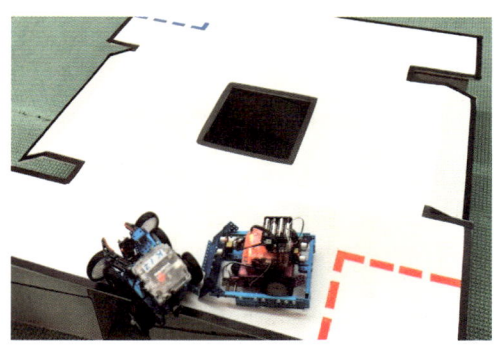

사진출처 - https://bit.ly/3dHBTjk

내가 생각하는 엠봇 전투 경기장을 그리고, 만들어 봅시다.

엠봇 메이킹 놀이

엠봇 라인 팔로잉 경기장 만들기 프로젝트

엠봇 바닥라인으로 긴 프로젝트를 만들어 누가 먼저 도착하는지 경쟁해 봅시다.

- 사진을 보고 내가 만들고 싶은 엠봇 라인 팔로잉 경기장을 그려보고
  실제 A4용지로 제작해봅시다.

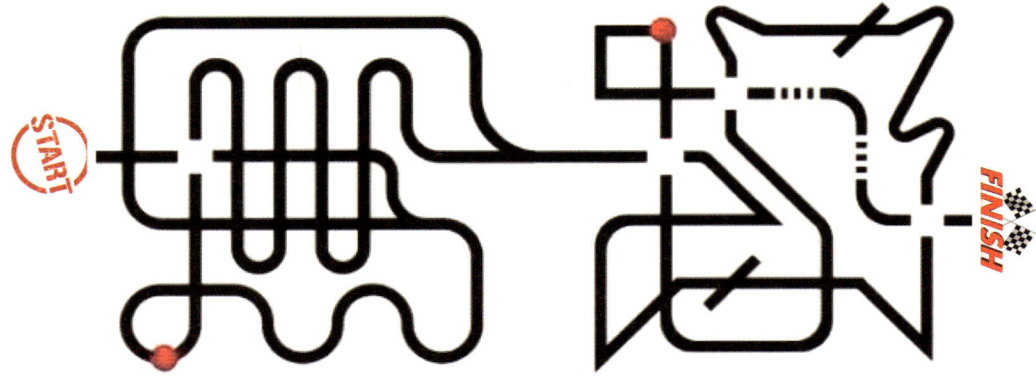

자료출처 - https://bit.ly/3dIjRh3

3. 즐거워, 엠봇!

엠봇 미로 만들기 프로젝트

엠봇이 초음파센서와 라인팔로잉 센서 모두를 활용해서 미로를 빠져나올 수 있도록 엠봇 미로를 만들어 봅시다.

사진을 참고해서 내가 만들고 싶은 미로를 그리고 제작해봅시다.

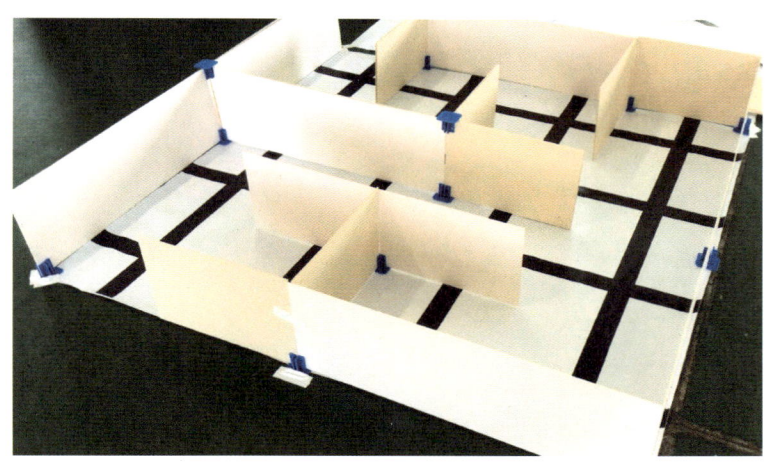

사진출처 - https://bit.ly/31qeCzV

엠봇 메이킹 놀이

엠봇 놀이 만들기 프로젝트

앞에서 엠봇으로 많은 놀이를 했습니다.
앞에서 즐겁게 누린 엠봇의 특징을 이용해서 나만의 놀이를 만들어봅시다.

상황소개
내가 만들고 싶은 놀이를 글로 적으며 명확하게 합니다.

문제해결
놀이하는 방법과 필요한 재료를 적으세요.

정리
친구들과 함께 실제 놀이하면서 느낀 점이나 더 보강할 방법을 적습니다.

3. 즐거워, 엠봇!

엠블록 앱 소개

엠봇을 앱으로 코딩할 수 있는 엠블록 앱을 소개합니다.

- mBlcok 앱을 스토어에서 다운로드 합니다.

- mBlcok 앱을 스토어에서 다운로드 합니다.

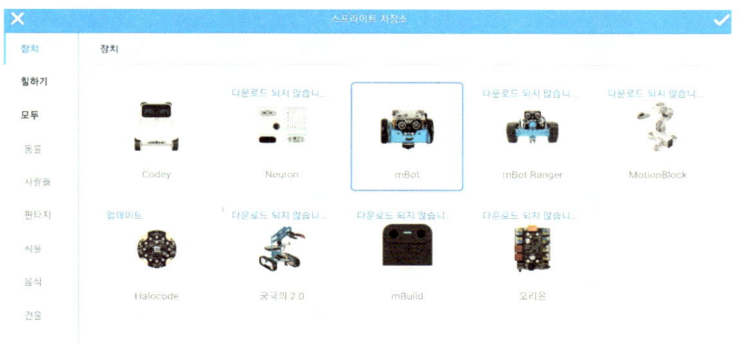

- mBlcok 앱을 스토어에서 다운로드 합니다.

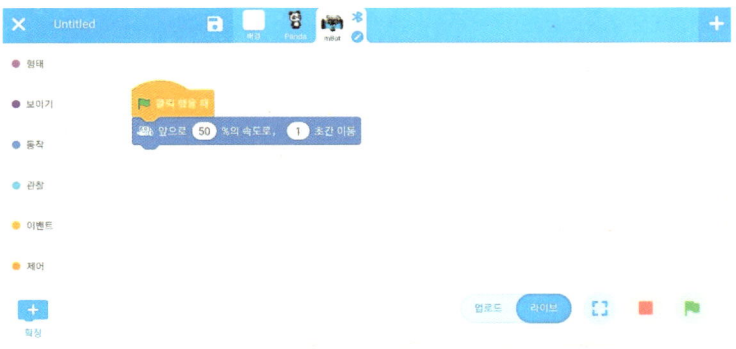

엠봇 메이킹 놀이

엠코어 구조

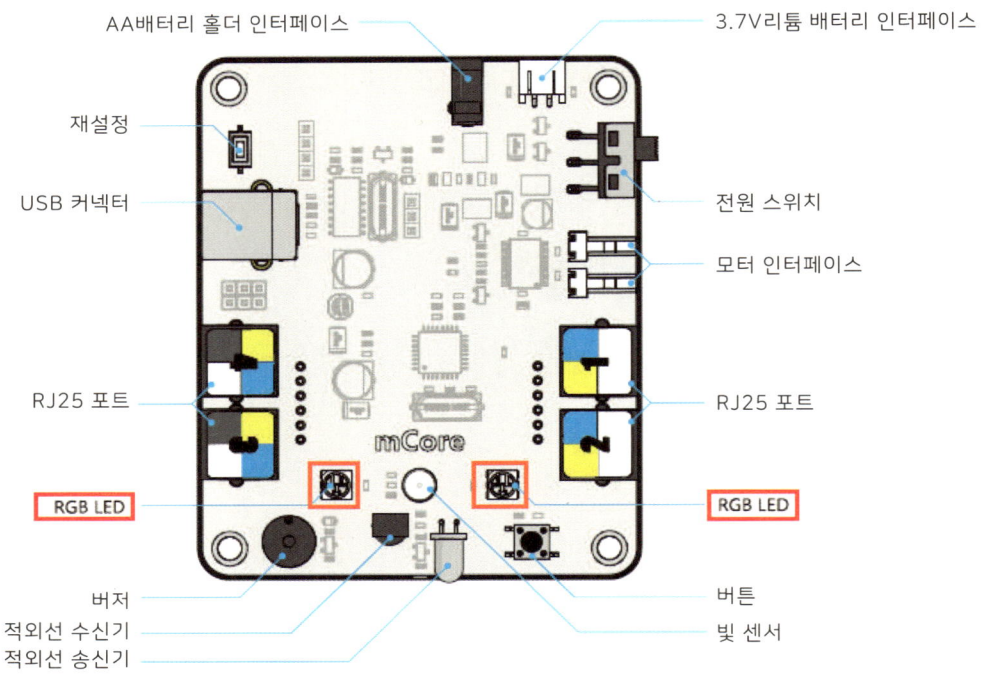

- AA배터리 홀더 인터페이스
- 3.7V리튬 배터리 인터페이스
- 재설정
- USB 커넥터
- 전원 스위치
- 모터 인터페이스
- RJ25 포트
- RJ25 포트
- RGB LED
- RGB LED
- 버저
- 버튼
- 적외선 수신기
- 빛 센서
- 적외선 송신기

엠봇 스팩

제품 (Product)	엠봇 블루 블루투스 (mBot blue bluetooth)
소프트웨어	아두이노 IDE / mBlock (MAC OS, Windows), mBlock Blockly(iPad)
입력	빛 센서, 버튼, 적외선 리시버, 초음파센서, 라인 팔로워 센서
출력	부저, RGB LED(2), 적외선 트랜스미터, 모터(2)
메인컨트롤 보드	ATmega328
전원	3.7V 리튬이온 배터리 혹은 1.5V AA 건전지 4개
무선통신	블루투스
확장팩	여섯다리로봇팩, 서보팩, 퍼셉션 기즈모팩, 버라이어티 기즈모팩, 빛/소리 상호작용 팩
규격	190×130×130mm (길이×폭×높이), 조립후
무게	500g
추천사용자	개인용 혹은 일반 가족
호스트 컴퓨터요건	스마트폰, 테블릿, 블루투스 연결 가능한 데스크탑 컴퓨터, 노트북

3. 즐거워, 엠봇!

슈퍼 STEAM 엠봇 초급 워크북 개요

-	제목	내용
6	1. 반가워, 엠봇	엠봇 조립하기
7		엠봇 관찰하기/ 전원 켜기
8		엠봇 버튼 한 번 비밀
9		엠봇 버튼 두 번 비밀 - 활동
10		엠봇 그리기
11		엠봇 앱을 설치해요.
12		엠봇을 조종해요.
13		선으로 움직여요.
14		음악을 연주해요.
15		음성으로 조종해요.
16		나만의 앱을 만들어요.1
17		나만의 앱을 만들어요.2
18		엠블록사이트 들어가기
19		엠블록 무대, 스프라이트 설명
20		판다를 움직이게 하자
21		판다를 계속 움직이게 하자
22		판다 울음소리를 찾아주자
23		엠봇 컴퓨터와 연결하기
24		엠봇 펌웨어 업데이트 하기
25		모드와 블록 메뉴
26		프로그램 블록 설명
27		보이기 블록 탐구
28		동작 블록 탐구
29		관찰 블록 탐구
30		이벤트 블록 탐구
31		제어 블록 탐구
32		연산 블록 / 변수 블록 탐구
33		엠코어 탐구
34		엠봇 구조 탐구
35	2. 똑똑해, 엠봇	
36		LED 빛을 켜자
37		LED를 교차로 켜자
38		빛을 혼합해서 비추자
39		무지개 만들기
40		마음대로 빛 만들기
41		버튼 조건, 센서 조건 코딩하기
42		음악 연주하기
43		구급차 소리 주파수로 코딩하기
44		소리 그라데이션 코딩
45		밝기 그라데이션 코딩
46		소방차 사이렌 내기
47		실시간 빛의 세기 알기
48		주위 환경에 따라 배경 밝기 변하게 하기
49		적외선 통신하기
50		엠봇 키보드로 조종하기
51		M자로 이동하게 코딩하기
52		S자로 이동하게 코딩하기
53		엠봇 구급차 만들기
54		초음파 센서 프로젝트
55		장애물 앞 자동 정지하기
56		장애물 회피하기
57		라인 센서값 탐구
58		들어올림/ 개봉상황 감지
59		절벽 감지하기
60		라인 팔로우 프로그램 만들기
61		다양한 삼각형 모양으로 이동하기
62		다양한 사각형 모양으로 이동하기
63		엠봇 확장 키트 활용 만들기
64		엠봇 종합 미션
65	3. 즐거워, 엠봇	
66		엠봇 꾸미기
67		무궁화 꽃이 피었습니다 놀이
68		술래잡기, 경찰 도둑 놀이
69		엠봇 축구 게임
70		바구니와 스탠드 넘어뜨리기 놀이
71		엠봇 청소 놀이
72		엠봇 메이크X 대회 체험
73		엠봇 펜싱 놀이
74		엠봇 마라톤
75		엠봇 작곡 놀이
76		엠봇 볼링 놀이
77		엠봇 컬링 놀이
78		엠봇 야구 놀이
79		엠봇 바닥 코딩 하기 놀이
80		엠봇 미션 임파서블 개인 놀이
81		엠봇 미션 임파서블 단체 놀이
82		엠봇 기차 놀이
83		엠봇 도둑 탐지기 놀이
84		엠봇 미로 탈출 놀이
85		엠봇 염력 / 장풍 놀이
86		랜덤 스피너 게임
87		춤추는 엠봇 만들기 놀이
88		엠봇 생활 속 거리두기 경보 장치 만들기
89		엠봇 벽에 붙이기 놀이
90		타이머 활용 폭탄 만들기
91		엠봇 개조하기 놀이
92		엠봇 전투 경기장 만들기 프로젝트
93		엠봇 라인 팔로잉 경기장 만들기 프로젝트
94		엠봇 미로 만들기 프로젝트
95		엠봇 놀이 만들기 프로젝트

엠봇 메이킹 놀이

엠봇 사용 주의 사항

- 엠봇을 물을 싫어합니다. 물기를 멀리하세요. 젖은 손으로 만지지 않습니다.

- 엠봇의 프레임은 매우 견고하나 바퀴와 모터 연결 부분이 약합니다.
  엠봇을 밟지 않도록 조심합니다.

- 엠봇에 든 건전지를 사용하지 않을 때는 빼도록 합니다.

- 엠봇용 건전지를 던지지 않습니다.

- 충전전용 건전지를 사용해서 충전하지 않습니다.

- 모터가 헐거워져서 엠봇 주행이 이상한 경우 볼트를 확실히 조입니다.

- 엠봇 제어 앱은 늘 최신으로 업데이트합니다.

- 엠봇 펌웨어를 늘 최신으로 업데이트 합니다.

- 엠봇 조종시 라인 팔로우 센서나 초음파 센서가 파손되지 않도록 박치기 등 심한 장난을 치지 않습니다.

- 선생님이나 보호자의 지도가 없는 경우 책상위에서 엠봇을 조종하지 않습니다.
  파손의 원인이 됩니다.

- 더러운 바닥이나 먼지나 흙이 많은 곳에서 주행하지 않습니다. 머리카락, 오물, 흙은 모터 고장의 원인이 됩니다.

수 료 증

_____ 친구는

슈퍼트랙 슈퍼 STEAM 엠봇 과정을

성실하게 마쳤음을 확인합니다.

년   월   일